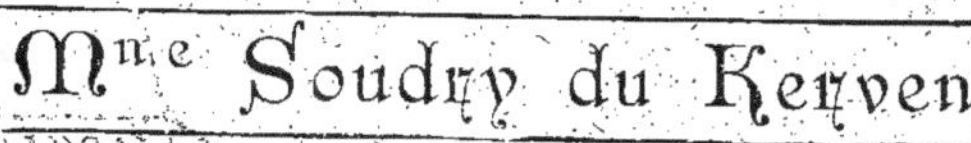

Mme Soudry du Kerven

DUMONT-D'URVILLE

PAGES INTIMES

Deuxième Édition

PARIS

G. TÉQUI, LIBRAIRE-ÉDITEUR

33, RUE DU CHERCHE-MIDI, 33

MDCCCLXLIII

DUMONT-D'URVILLE

PAGES INTIMES

Imprimerie de Limé, par Braine (Aisne)

Madame A. SOUDRY DU KERVEN

DUMONT-D'URVILLE

PAGES INTIMES

DEUXIÈME ÉDITION

PARIS

G. TÉQUI, LIBRAIRE-ÉDITEUR

33, RUE DU CHERCHE-MIDI, 33

MDCCCLXIII

EXTRAIT

DE

Lettres envoyées à l'Auteur

Madame,

Est-ce de vous ? Est-ce de mon oncle ? que j'ai reçu votre *Dumont-d'Urville*. Je n'ose croire que ce soit de vous, car je n'ai nullement mérité une si gracieuse attention. Mais qu'il soit venu de vous ou de mon oncle, j'ai lu votre ouvrage, et je vous dois des remercîments pour le charme qu'il a répandu sur mes heures de loisir.

C'est, qu'en effet, ce livre est intéressant dans le meilleur sens du mot. Un « feuilletonniste » n'aurait pas traité le même sujet comme vous l'avez fait : nous aurions vu probablement se dérouler sous sa plume, à côté de Dumont-d'Urville — à moins que Dumont-d'Urville n'en eût été lui-même le héros — quelqu'intrigue aussi compliquée que fictive, féconde en péripéties, et sans autre but que celui d'exciter notre curiosité. Vous avez fait mieux, à mon avis : vous avez fait une œuvre vraie et sincère, bien personnelle aussi ; vous avez développé de nobles caractères et si votre histoire de

Louis Lebreton est simple, elle est attachante et **on** **la** suit avec plaisir.

Mais ce qui, surtout, rend si agréable la lecture de ce livre, c'est son style naturel, facile, alerte, empreint d'une douce familiarité dans les menus détails, élevé et brillant quand vous y faites passer le souffle de vos convictions ardentes et profondes.

Je souhaite à votre ouvrage tout le succès qu'il mérite ; mais s'il ne l'obtenait pas complètement, je crois que vous devriez vous consoler en songeant que vous n'aurez pas spéculé sur de malsaines curiosités ni sur l'entraînement des passions ; et que, de votre travail, il n'en resterait pas moins un pieux monument consacrant une de nos gloires les plus pures, en même temps qu'une œuvre hautement moralisatrice.

J'ai bien tardé, Madame, à vous exprimer le plaisir que m'a fait l'envoi de ce livre ; mais, vous le savez, la tâche qui me réclame chaque jour est inexorable. Je désirais vous avoir lu avant de vous écrire et j'ai cru pouvoir compter un peu sur votre indulgence.

Veuillez agréez, Madame, l'assurance de mes meilleurs sentiments.

E. Lambert.

Le Havre, le 5 Septembre 1886.

Paris, 11 Janvier 1893.

Madame,

Si l'histoire maritime de notre illustre circumnavigateur est dans nos bibliothèques nationales ; si nos musées
racontent à leur manière la gloire et les pacifiques conquêtes de Dumont-d'Urville, en étalant sous leurs vi-
trines, la moisson colossale de documents scientifiques
rapportés par lui des cinq parties du monde, il vous appartient — à vous qui possédez vos précieux documents
de famille, — de nous révéler son caractère intime, son
esprit et son cœur !... Car ce que nous en savions était
insignifiant, incomplet, ou mal étudié.

L'œuvre était connue de tous ; mais l'ouvrier de génie,
le français passionné de la France, le grand homme à
qui nous devons tant de savantes et précieuses recherches, restait presque méconnu, et moins apprécié qu'il
ne mérite.

Votre livre vient à propos combler une regrettable la-
cune et nous peindre Dumont-d'Urville d'après nature.

Sous votre plume élégante et facile, nous le voyons,
— avec une agréable surprise — entremêler ses formidables travaux de *bretonneries à la Duguesclin,* chères à
tout franc-breton, mais surtout aux bretons du génie.
Ces natures riches, fortes et puissantes par l'imagination,
se plaisent aux contrastes qui étonnent... comme elles
se jouent des difficultés insurmontables au vulgaire...

Transformer en un homme instruit et complet ce jeune
fruit-sec de 18 ans qui fut Louis Lebreton, c'était certes,
un beau chef-d'œuvre accompli en trois ans par Dumont-
d'Urville ; mais faire débuter ce jeune peintre de marines, qui ne savait rien de rien, hors ses crayons, par
un journal du bord plein d'âneries au debut, c'était vraiment une idées d'un comique achevé...

Il serait à souhaiter que les adversaires de d'Urville,

VIII

aient entendu la plaisanterie aussi bien que votre illustre
parent savait la faire...

Ici, Madame, je m'abstiens de tout commentaire, et
pour cause !...

Daignez agréer, avec mes meilleures félicitations, tous
mes remerciments pour votre aimable livre.

X. Lucival.

A Madame Soudry du Kerven, à Paris.

MADAME,

Si je n'ai pas eu l'honneur de connaître votre illustre
parent autrement que par ses Œuvres, je connaissais du
moins assez cet excellent Louis Lebreton, qui a laissé
bien des regrets parmi ses camarades, à Paris comme
en Bretagne, pour affirmer, après tant d'autres, que
le récit fidèle de son aventureuse campagne maritime à
la suite de Dumont-d'Urville, a suscité à son auteur de
très vives sympathies.

Cela ne peut vous étonner, Madame ; car si l'histoire
de Louis Lebreton, quoique bien simple, est intéressante
par elle-même, — presqu'autant que par le relief qu'elle
reçoit d'un homme tel que Dumont-d'Urville, — vous
savez l'embellir encore par la manière dont vous la ra-
contez à votre jeune auditoire.

C'est pour la jeunesse que vous écrivez ; c'est surtout
à la jeunesse que vous voulez être utile ; cela se devine
en lisant vos ouvrages. A ce point de vue, vous avez dû
recevoir bien des encouragements à poursuivre votre
tâche, si j'en juge par tous les jeunes gens que je connais, dans ma nombreuse famille et ailleurs, qui lisent
et goûtent vos ouvrages.

On écrit beaucoup pour les enfants, mais on n'écrit
guère pour la grande jeunesse. Je le conçois, car ce genre
de labeur est ingrat entre tous ; les auteurs le négligent,
dès que leur réputation est faite, parce qu'ils ne poursui-
vent pas comme vous le Bien caché sous le modeste travail, et visent à l'argent.

Continuez, Madame, à préférer une bonne action à un
beau succès. Les joies de la conscience vous dédomma-

geront amplement des autres ; il vaut mieux tâcher d'être utile à un seul, plutôt que de chercher à plaire à tous !...

C'est un ami de Louis Lebreton transformé par Dumont-d'Urville, qui vous adresse ici ses meilleures félicitations.

AD. SÉVEN.

Paris, Février 1887.

La Tourmelière, près Ligueil (Indre-&-Loire) 1885.

Madame,

Hier soir, à la même heure, je rédigeais pour Paris une note chaleureuse, un cri du cœur, qui m'échappait à la lecture de votre beau travail sur Dumont-d'Urville : il m'a fait passer des heures de délicieuse émotion...

Ne pas vous le dire me serait un sacrifice ; et je suis heureuse autant que touchée de l'honneur qui m'est échu, lorsqu'on m'a confié votre manuscrit pour l'analyser et formuler mon opinion sur lui.

Si j'en juge par mes impressions personnelles, ce livre charmant est appelé au succès le plus loyal ; vous ne sauriez lui donner une trop large expansion, afin qu'il produise tout le bien qu'il est capable d'inspirer, ou que du moins on pourrait en attendre à une époque moins troublée que la nôtre.

Est-ce votre premier livre ? si vous avez déjà publié autre chose, où pourrions-nous écrire pour nous procurer vos ouvrages ? Fille et sœur de marins, votre Dumont-d'Urville nous touche de plus près, sans doute, mais il me fait aussi aspirer à mieux connaître son auteur.

Pardonnez, Madame, le désir, non la curiosité d'une inconnue à qui vous avez su inspirer la plus vive sympathie littéraire, etc., etc.

Votre, etc.

L. Bouez.

Une parente de l'amiral Dumont-d'Urville vient de réunir, en un intéressant volume, des notes intimes sur son troisième voyage d'exploration autour du monde.

L'auteur, Madame A. Soudry, raconte, entre autres détails curieux, un fait qui, croyons-nous, est peu connu.

C'est Dumont-d'Urville lui-même qui parle :

Je suis né en 1790 à Condé-sur-Noireau. C'est par *un incendie* que j'ai commencé l'apprentissage de la vie !

J'avais trois ans, je jouais sous les yeux de mon père cloué par la paralysie sur son fauteuil. Nous étions seuls. Un faux pas me fait rouler devant la cheminée et je tombe dans le feu qui était ardent.

Mon père paralysé même de la langue, jette des sons inarticulés d'abord ; puis, il parvient à faire entendre ce cri : « Secours ! petit Jules brûle !... » Ma mère accourt, m'enlève dans ses bras, étouffe les flammes qui m'enveloppent au risque de se brûler elle-même. Les domestiques la suivent, on m'inonde d'eau, on me sauve, on me panse ; l'une de mes mains, plus brûlée que l'autre, garde les traces indélébiles de la catastrophe. Heureusement, c'est la main gauche. Et c'est moi, le petit brûlé, qui suis resté seul de neuf enfants.

Et c'est par le feu que Dumont-d'Urville périt dans l'horrible catastrophe du chemin de fer de Versailles rive gauche !

Le livre de Madame A. Soudry renferme nombre d'anecdotes et de curieux documents sur celui qui fut une des gloires les plus pures de la marine française.

(Le Figaro du 20 avril 1887)

INTRODUCTION

Il est de ces hommes dont la destinée laborieuse et tourmentée, s'écoule en un combat formidable. Quand ils ne guerroient pas eux-mêmes, ils sont combattus ; on les attaque, on les discute, on les blesse, on les frappe à droite et à gauche, on voudrait les voir disparaître.

Leur illustration, si méritée qu'elle soit, excitant la fièvre de l'envie et des rivalités jalouses, leur est une sorte de pilori où les cloue incessamment l'ambition de leurs adversaires et de leurs contempteurs.

Tel fut Dumont-d'Urville pendant la durée de sa grande carrière. Presque partout en butte à un système opposé à ses convictions personnelles, il ne se laissa jamais abattre par l'insuccès ou la résistance ennemie ; et sa marche persévérante à travers la science des découvertes maritimes ne fut interrompue que par la grande catastrophe que tout le monde connaît, celle du 8 mai 1842 !

Parmi ses plus nobles enfants, la France compte bien peu d'hommes à qui la nature, l'éducation, le talent et les circonstances aient fait une part plus large, plus féconde, mieux douée d'éléments de succès.

Lorsqu'on pénètre par l'intime détail dans la vie privée de Dumont-d'Urville, toute pleine de beaux contrastes et d'étonnante variété, on est à chaque instant surpris, charmé, captivé par l'originalité de cette organisation d'élite, de ses richesses intellectuelles, jointes à une naïveté d'âme, à une fraîcheur d'imagination, à une vivacité de caractère qui rendent singulièrement attachante l'étude de cet homme-là.

Mais s'il est démontré que les gens heureux — comme les peuples, — n'ont pas d'histoire, c'est ici le cas de s'écrier: Pauvre d'Urville! quelle histoire que la tienne!...

C'est le poème homérien d'une vie tourmentée par le désir de savoir toujours et toujours davantage, et que bien peu d'heures calmes ont reposée d'un gigantesque labeur!

Et cependant la mémoire de ce grand homme que nous envie l'Angleterre, — parce que son capitaine Cook n'est pas aussi complet, — n'a point encore dans les Lettres françaises une place vraiment digne de lui, digne de sa patrie.

Nous lui avons, il est vrai, consacré un monument dont la ville de Condé-sur-Noireau est fière de posséder la gloire. Mais à part cette statue, et les panégyriques, — hommage devenu banal tant il est prodigué, — le circumnavigateur incomparable qui a enrichi la France de tant de découvertes, et dont la science encyclopédique nous a légué de si riches trésors, est presqu'inconnu des nouvelles générations! Elles trouveraient pourtant en lui un très beau type, un intéressant modèle de persévérance et de courage, à travers les innombrables manifestations d'un génie explorateur de premier ordre.

Ce n'est pas à nous, disons-le ici, qu'appartient l'honneur de combler ce grand vide, notre plume serait trop faible, notre horizon trop étroit et notre science trop bornée, pour embrasser un tel sujet.

Qu'il nous soit permis de formuler le vœu que d'autres fassent revivre un jour Dumont-d'Urville dans un monument littéraire, plus vivant, plus complet que l'histoire sommaire écrite il y a cinquante ans.

Ce n'est pas avec la simple nomenclature des faits, qu'on parvient à intéresser la jeunesse... Et c'est surtout à la jeunesse qu'il est bon de montrer la puissance des œuvres fécondes pour le bien social, et la sublime beauté d'un caractère que nul péril, nul obstacle n'a pu vaincre.

Le récit qui va suivre n'est qu'une page intime dans la vie de notre grand navigateur, cette page contient des documents de famille relatifs au troisième voyage autour du monde accompli par Dumont-d'Urville de 1837 à 1840...

Nous les avons groupés de manière à peindre telle qu'elle fut, la vie intime de l'illustre navigateur : sa physionomie morale à bord comme au milieu des siens, et enfin les circonstances terribles et poignantes qui ont marqué cette grande carrière d'un sceau indélébile.

Il nous a semblé qu'en publiant des faits empreints d'un si haut enseignement, nous ne serions pas inutile à cette cause sociale qui est du domaine de tous et que tous doivent servir dans la mesure de leur patriotisme.

A. SOUDRY DU KERVEN.

DUMONT-D'URVILLE

CHAPITRE PREMIER

A. TOULON

C'était au commencement de l'été de 1837;
par une de ces radieuses soirées du mois de
juin où le ciel de Provence est si beau qu'on
peut y lire très agréablement au clair de la lune,
non pas un journal mal tiré, mais un livre aux
caractères nets et légers, dont l'empreinte est
bien sortie.

Çà et là, du côté de la ville, et même sur quelques batelets de la rade toulonaise, on voyait
s'élancer de petites fusées capricieuses; au loin,
vers les collines d'Oullioules, brillaient les feux
de la Saint-Jean, — car c'en était la fête — et
les vieilles coutumes du pays, à cette occasion,
n'étaient pas encore tombées en désuétude.

Aussi, pétards et serpenteaux éclataient un peu partout; dans les rues, sur les places, le long de la grande plage très animée par le mouvement des promeneurs, parmi lesquels s'élevait un cri de surprise désagréable quand les fusées atteignaient une dame et brûlaient les bords de sa robe.

La jeunesse provençale se plaisait à ce vilain jeu, consacré par l'usage; mais les étrangers, hostiles à cette coutume locale, maugréaient contre les petits projectiles; et après une expérience de la chose, on préférait ne pas sortir le soir de la Saint-Jean pour éviter l'intempestive rencontre...

L'heure de la fête était passée; la foule s'écoulait, et la plage de la rade devenait insensiblement solitaire. Cependant quelques attardés, séduits par l'incomparable beauté de la nuit, restaient là pour jouir du calme après le bruit, du repos après l'agitation.

Quatre personnes assises sur un banc rustique, près de l'endroit où la plage forme un promontoire, causaient à mi-voix et ne semblaient nullement pressées de déserter, — d'autant plus qu'il n'était pas minuit, — disait un adolescent peu disposé à s'enfermer au logis par une si délicieuse veillée au bord de la mer!...

L'atmosphère était si pure, la lune éclairait si placidement la rade silencieuse et dépeuplée, qu'il me fut facile de reconnaître les traits des

promeneurs attardés. C'était la famille Dumont-
d'Urville : le capitaine, sa femme et son fils ; un
ami les accompagnait.

« Mon cher Commandant, disait ce dernier,
d'un accent admiratif et très méridional ; est-
ce que les parages de l'océan Indien offrent un
plus splendide coup d'œil de nuit que cette rade
magnifique sous un ciel si lumineux ?...

— C'est tout autre chose, capitaine ; il n'y a
pas de comparaison à établir entre les nuits
orientales et notre ciel étoilé d'Europe. L'atmosphère embrasée de l'Asie dans les régions
de l'Inde, produit par ses brises chaudes et
chargées d'âcres parfums, une sorte d'enivrement inoffensif que notre température euro-
péenne ne comporte jamais...

Chaque partie du monde a sa beauté, sa séduction ; le point unique par lequel elle est incomparable..... pour moi, entre Jules et Adèle,
le soleil de Provence et ses tièdes nuits ne me
laissent rien désirer ni rien regretter..... Et
pourtant..... »

Dumont-d'Urville s'arrêta, et respira profondément.

« Et pourtant vous allez nous quitter, cher
père ? s'écria douloureusement Jules d'Urville,
en saisissant dans ses mains la main chérie du
glorieux navigateur...

Vous allez nous quitter pour retourner au
bout du monde ! Ah ! si du moins je pouvais

vous suivre! Si ma mère partait avec nous!
Quel bonheur de parcourir ensemble tous les
Océans!....

— Oh! oui, Julien, ne plus vivre séparés de
toi! s'il était possible, ajouta Mme d'Urville de
sa douce et pénétrante voix... Partager tes périls, tes travaux, et surtout prendre soin de toi!

— Et puis, père, être les premiers à acclamer
vos découvertes, parcourir des mers inconnues,
entendre parler tous les dialectes de l'Univers;
jouir d'un perpétuel changement d'aspect, au
spectacle de la nature, dans des parages toujours nouveaux! quel rêve!

— Ne parlez plus ainsi, vos prières me font
mal, interrompit d'Urville, avec un mélange de
brusquerie et de tendresse, touchante à voir
dans un homme de cette trempe... Oui, vous
me faites mal; car je voudrais vous emporter
avec moi, et c'est impossible!... Est-ce qu'on
expose une femme et un enfant à de telles aventures! Mais si j'ai à souffrir, là-bas, je souffri-
rais mille fois davantage de vos angoisses que
des miennes! et au lieu d'adoucir ma destinée
de combat, vous me la rendriez écrasante et intolérable!...

N'ai-je pas pensé sans cesse depuis sept ans
à l'heure terrible qui s'avance! et, depuis 1829,
n'ai-je pas renoncé à toutes les propositions que
m'ont faites les ministres de la marine, en
France et ailleurs?

Il faut que le marin fournisse sa carrière
aventureuse au prix de tous les sacrifices! et je
n'en connais pas de plus grand que notre séparation, Adèle!... me séparer de vous deux, c'est
un déchirement dont la seule pensée me broie
le cœur... Mais il le faut! je le veux; je le dois à
ma vocation et à mon pays. Au lieu de nous
amollir par d'inutiles regrets, résignons-nous
ensemble : fortifions nos âmes dans l'espérance
de l'éternelle vie, près de laquelle celle-ci ne serait que chimère douloureuse, si elle n'était en
réalité la préparation et l'acheminement vers
l'autre.

— Oh! Julien, c'est bien vrai! sans la certitude divine que nous serons à jamais réunis
là-haut, après avoir lutté, souffert et pleuré ici
bas, je faiblirais sous le fardeau de notre vie de
poignantes séparations!... Ah! le ciel peut seul
faire accepter la terre!... Là seulement tu re-
cueilleras le prix de tant de dévouements méconnus? Là toute injustice sera réparée, toute
fausse gloire anéantie!

Mon ami, je te le promets, nous serons cou-
rageux, Jules et moi; tu n'auras pas, en nous
quittant, le spectacle d'une stérile désolation!
nous te suivrons par le cœur; nos vœux t'accompagneront sans cesse, ton souvenir rempli-
ra nos entretiens, l'attente de tes nouvelles ani-
mera notre solitude, et Jules se préparera à fêter
ton retour par ses succès d'écolier studieux.

— Voilà bien ce qu'il faut me dire, Adèle,
mon incomparable amie ! Tu m'as toujours aidé
dans mes difficiles devoirs, toi ! l'ange consolateur de ma vie ! le rayon de soleil de ma destinée, parfois si assombrie !!! Aurais-je pu sans
toi, sans ta courageuse abnégation, accomplir
tant de travaux lointains ? Faire deux fois le
tour du monde, te laisser seule au foyer, ange
gardien de la famille, comme tu le seras encore
pendant ma dernière campagne !...

— Nous ne choississons pas nos destins,
Jules, ils s'imposent à nous selon les vues pro-
videntielles. Dieu seul peut fortifier nos âmes
pour le combat. J'ai senti qu'il le ferait pour
moi quand nos cœurs et nos mains se sont unis
par l'éternel serment de tendre et virile fidélité.
C'est pour cela que ma confiance ne faiblira
pas ! J'espère tout de Dieu pour toi ! Comme
aux autres voyages autour du monde, il te rendra vainqueur de la mer, vainqueur des périls
inconnus que tu vas bientôt affronter. Il te ra-
mènera près de nous, il te rendra à notre tendresse ; et si nous n'avons pas la joie de ta présence, nous aurons du moins la joie d'un sacrifice pur de tout alliage.

— Merci, chère femme, merci ! Tu as le don
de me dire tout ce que j'ai besoin d'entendre,
tout ce qui soutient mon courage... Parle encore
Adèle, tu me fais tant de bien !...

— Tu as une mission à achever, Julien, un

but final à atteindre, tu me l'as dit cent fois, *Vocation oblige*! et je sens qu'il en est ainsi. Le vrai marin a besoin de la mer! Et puis, il faut t'arracher à ces luttes mesquines où ta patience échoue... Sur ton vaisseau, tu trouves l'apaisement des stériles combats de paroles dont s'irrite ta nature trop droite pour de telles luttes... Au moins sur l'*Astrolabe*, tu oublieras momentanément l'injustice et les haines de partis. C'est une diversion nécessaire... Surtout après nos chagrins de famille, si cruels et si répétés (1), tu as réellement besoin de ce grand changement d'habitudes pour retremper ton âme et raviver ses forces... tu t'épuises ici.

— Oui, chère amie, c'est vrai, il faut que je parte! Tu auras donc du courage pour trois... et c'est toi qui me vaudras encore les préservations du ciel dont tu parlais tout à l'heure..

Maintenant, capitaine, il faut regagner le chez soi. L'air a fraîchi singulièrement; je sens se raviver mes vieilles douleurs, la goutte est dans mes jambes depuis notre longue station à *Vani-Koro*. C'est miracle que mon équipage et moi soyons sortis vivants de ce gouffre où le pauvre Lapeyrouse a naufragé si lamentablement en 1799!!! Certes, nous lui avons élevé un beau cénotaphe; mais je crois bien que sans les

---

(1) Ils avaient perdu plusieurs enfants.

vigilantes prières de ma femme, ce monument
allait devenir mon tombeau et celui de l'Expédition que je commandais !

— Vous avez bien encore deux mois devant
vous, Commandant? dit l'officier de marine, qui
offrait son bras à d'Urville, tandis que l'adolescent prenait celui de sa mère.

— Deux mois avant d'appareiller, oui, mais il
faut que j'aille passer quelques jours en Bretagne, après une station double à Paris, où j'ai
beaucoup de monde à voir, quantité d'engage-
ments à prendre, de signatures à donner, et
d'affaires à régler; cela pourra bien me retenir
un mois.

Bonsoir, mon cher Capitaine, vous voudrez
bien me communiquer dans la semaine le plan
et la carte que vous avez dessinés. A mon retour de Paris, nous aurons à travailler pour nos
énormes approvisionnements, et le fret de mes
deux vaisseaux. »

CHAPITRE II

DUMONT-D'URVILLE EN BRETAGNE

Tandis que Mme d'Urville et son fils s'étaient retirés à « la *Juliade* » (1), pour y attendre le Commandant de l'Expédition universelle, celui-ci se multipliait à organiser ses lointains préparatifs de circumnavigation. A Paris, on l'attendait pour en finir avec tous les opposants, politiques et autres, qui s'acharnaient dans le but hautement avoué, d'empêcher la grande campagne maritime de s'effectuer.

Ils ne réussirent pas, parce qu'ils avaient contre eux le Roi, les ministres et l'opinion.

____

(1) Maison de campagne créée par Dumont-d'Urville, près Toulon.

Mais ils se donnèrent la stérile satisfaction de harceler Dumont-d'Urville jusqu'au dernier moment.

L'initiative de l'immense expédition appartenait à Louis-Philippe, qui depuis longtemps rêvait la découverte d'un continent dans les régions antarctiques. Le roi, que les conquêtes de la science passionnaient à bon droit, avait une opinion que la campagne devait justifier, et que partageait l'amiral Rosamel, alors ministre de la marine, et plus d'un savant géographe.

« C'est la dernière fois que je vais conduire l'*Astrolabe* en *éclaireur*, à travers toutes les mers du globe, disait d'Urville. Après ce suprême effort, je ferai valoir mes droits à la retraite, et Jules prendra ma place... Alors j'aurai achevé de jeter ma sonde dans les parages mal explorés, où la route des navigateurs est encore incertaine; le plus difficile sera fait. Mon fils n'aura qu'à suivre ma trace; j'aurai payé ma dette à la France; et je me reposerai près de mon Adèle, non dans un bien-être infécond, mais dans le paisible recueillement des travaux de cabinet. La récollection de tous les documents nouveaux que l'expédition va conquérir au profit de toutes les sciences naturelles, suffira pour remplir utilement le reste de mes jours. »

Un groupe considérable de savants français et étrangers, consultés par d'Urville, partageaient comme lui-même la pensée du Roi, et jugeaient également qu'il restait un dernier voyage à tenter pour l'achèvement du programme gigantesque qu'il s'était tracé dès le début de sa carrière.

Mais l'opposition systématique, dominée par une passion malheureuse qui l'empêchait, paraît-il, de raisonner juste, trouva jusque dans la Chambre des députés des organes retentissants, visiblement dépourvus de bienveillance dans leurs attaques mal fondées.

Ni l'approbation royale, ni la compétence indiscutable du ministre de la marine, ni l'appui des corps savants dont s'étayait d'Urville, rien ne put désarmer les adversaires de l'Expédition.

Sans tenir compte même des simples convenances et de la mesure à garder dans leur agression qui visait à faux, l'opposition fit pleuvoir un déluge de sarcasmes lancés à tort et à travers sur d'Urville et son Œuvre, et cela du haut de la tribune.

La Chambre gardait un silence désapprobateur. N'importe; l'orateur ennemi, traitant la grande expédition de pure et inutile curiosité, affirma sans crainte qu'un résultat négatif dès le début mettrait fin au voyage, que des navigateurs intelligents n'eussent jamais préparé !...

« Ne savons-nous pas qu'une nuit et un jour, de six mois chacun, se partagent l'année, aux deux pôles? Ignorons-nous qu'aller aux découvertes territoriales en de tels parages, c'est courir au-devant de tous les mécomptes comme de tous les désastres?

« Avant un an d'ici, poursuivit le fougueux orateur, — après avoir blâmé jusqu'au choix des moyens et des vaisseaux, — avant six mois peut-être, la Chambre sera obligée de voter des subsides pour courir à la recherche du malencontreux Capitaine d'Urville, pitoyablement échoué sur des banquises de glaces ou de sables; ou vers ce détroit de Torrès, que nul navigateur prudent n'a voulu jusqu'ici explorer en tous sens; ce qui est, selon toute probabilité radicalement impossible! »

Bref, voulant se montrer plus expert que le gouvernement, plus instruit que les hommes spéciaux, maîtres de la science des mers, l'organe de l'opposition déclara résolument que l'itinéraire du fameux voyage était tracé sans discernement, et, comme si l'on se fût proposé de conduire l'*Astrolabe* là où nulle découverte n'était à espérer.

Malgré la désapprobation visible de la majorité, Dumont-d'Urville eut fort à faire de soutenir sa thèse et d'empêcher qu'on mutilât son plan de campagne, si savamment, et si mûrement élaboré. Il est même probable que sans le formel désir du Roi et les résolutions arrêtées de l'amiral Rosamel, juge de la question, de nouvelles difficultés se seraient élevées contre d'Urville, à qui l'injustice flagrante causait une exaspération très compréhensible, mais qui nuisait à son plaidoyer.

« Il m'est si dur d'être en présence d'une passion aveugle et malveillante, qui ne désarme jamais, disait dans ses lettres à madame d'Urville le trop impressionnable marin, que, s'il n'y avait que moi en cause, j'abandonnerais l'affaire. Mais il y a l'intérêt de la France maritime et savante ; je dois aussi compter avec les vœux du roi. J'écarte, je rejette loin de moi le vieux levain de cette opposition déloyale et du parti pris ; j'oublie cette polémique absurde et sans discernement ; entouré de nos amis, dont plusieurs m'accompagneront, je travaille activement à préparer la campagne, en réunissant l'élite des officiers de marine qui vont lutter avec moi.

J'achèverai à mon retour de Bretagne le colossal approvisionnement de nos bagages scientifiques ; je ne puis les compléter qu'à Paris. Ici les choses, là-bas les hommes. Oui, dans cette échappée vers les côtes de l'Ouest, je vais à la pêche, à la pêche des hommes. Il me faut des Bretons à bord de l'*Astrolabe* pour que je me sente en famille tout à fait. Et puis, sans faire tort aux Toulonais, quels marins, que nos Bas-Bretons ! »

Dans le Finistère, d'Urville était attendu par

un ami de jeunesse, son cousin ; ils avaient naguère voyagé ensemble et navigué de conserve
aux parages du Chili. C'était un chirurgien de
marine, déjà retiré du service, ce qui ne changea rien à l'étroite amitié du major Lebreton et
du Capitaine d'Urville.

Le major avait un fils, un fils unique, par
malheur orphelin privé de sa mère dès le berceau.

Dumont-d'Urville, confident habituel de tous
les soucis que donnait à son père le lycéen peu
discipliné, avait des projets sur ce jeune homme,
qui, d'après les lettres et les plaintes du major,
n'était bon à rien ; à rien qu'à dessiner des
« marines. »

N'ayant pas eu d'enfant de sa seconde femme
l'excellent major avait concentré ses espérances
comme ses affections sur le seul héritier de son
nom et de sa race. Il avait rêvé une belle carrière pour son fils unique ; mais celui-ci beaucoup trop ménagé par madame Lebreton, (le
père vaquant du matin au soir au soin de sa
clientèle), avait conservé les défauts de l'enfance, sans acquérir l'instruction de la jeunesse.
De peur de voir pleurer Louis sous une salutaire correction, — alors qu'elle est facile et féconde, — on avait laissé grandir sa paresse pour
l'étude, et sa passion pour le dessin au détri-
ment de tout le reste.

Résultat : éducation manquée, instruction

absolument nulle, travail intellectuel à refaire !

Sur ces entrefaites arrive le cher *Oncle* (1), c'est ainsi que dans la famille on nommait Dumont-d'Urville et il l'était plus encore par le cœur que par le titre.

Sitôt débarqué, il accourt auprès de son frère d'armes.

« Comment, c'est toi, Julien? Quelle bonne surprise !

— Je n'ai pas voulu t'écrire que je venais ici ; Pierre embrassons-nous ; je t'annonce que mon voyage au Pôle-Sud est décidé et que notre départ est prochain... dans six semaines, je reprends la mer.

— C'est une magnifique expédition ! Et puis, ce sera ton troisième tour du monde. Plus heureux que le capitaine Cook, tu seras vainqueur de la mer jusqu'à la fin de ta circumnavigation ! Je sens cela d'avance, moi ; je t'ai vu à l'œuvre, l'Océan te respecte, tu l'as si souvent dompté !... il s'en souvient.....

— Oui, Pierre, les périls de la navigation aventureuse, je les connais presque tous ; j'aime à les braver... Il y a dans cette formidable lutte de l'homme de mer aux prises avec son élément, de terribles moments à passer !... mais aussi, quel indicible plaisir, quel légitime orgueil, quand le monstre est dompté !... Il est

______

(1) A la mode de Bretagne.

vrai que le péril renait sans cesse, et qu'on ne
trouve la victoire finale qu'en touchant le port
où s'achève la campagne!... Fidèle image de la
vie, qui nous ballotte et nous jette au combat,
sans trève jusqu'à la mort!... L'homme est
taillé pour la lutte...

— Oui, Julién, mais tous n'ont pas la volonté
de lutter ; tous n'ont pas la nature guerroyante :
tous ne savent pas se servir de leurs armes.

— Parce qu'on ne le leur a point appris, morbleu! L'homme ne suit que ce qu'on lui enseigne, puisqu'il vient au monde avec toutes les
ignorances et toutes les faiblesses... mais à ce
propos, que fais-tu de Louis, où est-il? où en
est-il de l'algèbre et du reste?...

— Tiens, Jules, mieux vaut ne pas entamer
ce chapitre; Louis n'est pas taillé pour la lutte,
lui; il ne sera jamais qu'un inutile, un artiste
en herbe, un flâneur, un fruit sec! Cette idée
me désole, je ne puis pas en parler sans chagrin. Laissons-le, puisque cet entêté n'a jamais
fait autre chose que suivre son caprice et contenter ses goûts... Il me désespère! Aucune carrière ne s'ouvre devant lui !...

— Mais parlons-en, au contraire, de mon « *neveu* » ce n'est pas à son âge qu'on jette le man-
che après la cognée, mille bombes ! Un superbe
gaillard de dix-huit ans, intelligent et robuste,
on en tire parti, partout et toujours... le tout
est de savoir s'y prendre, Pierre...

— Eh bien! ni ma femme ni moi, n'avons su nous y prendre, voilà... Parce que l'enfant avait perdu sa mère, on le soignait avec excès, on le ménageait au lieu de le pousser au travail; dès qu'il se plaignait d'un *bobo*, on lui faisait mille gâteries et le coquin abusait de la tendresse paternelle comme de la bonté de toute la famille et de ses maîtres... A présent il est trop tard pour réagir... le mal est fait.

— Non, ce n'est pas trop tard, Pierre, et si tu voulais me confier Louis, je m'en chargerais bien volontiers... Je le désire même; prête-le moi, major, je saurai bien en tirer parti, de mon grand neveu.

— Moi, te charger d'un bon à rien! d'un ignorant qui ne veut pas s'instruire; allons donc! ce serait te donner de l'embarras en pure perte, mon Capitaine, je te remercie de tes bonnes intentions pour lui, mais c'est bien inutile d'y songer, cher ami! D'ailleurs, qu'en ferais-tu? Le commandant de l'Astrolabe ne peut encombrer son vaisseau d'aucune non-valeur...

— Ce que je ferais de Louis, si tu me le laisses enlever? Ceci me regarde; j'en réponds sur mon honneur!... N'as-tu pas juré que s'il persistait à te mécontenter tu l'embarquerais, finalement?

— Eh! oui, sans doute; Julien. Hier encore, je lui ai répété la menace...

— Eh bien?...

— Eh bien ! ce têtu de bas-breton écoute les reproches et les plaintes sans plus en tenir compte que de paroles en air !...

— Il a raison, morbleu ! Quand on menace il faut agir ; sinon !... mais peut-être serait-il content de monter à bord de l'Astrolabe ?...

— Je ne sais, il crayonne tout le jour. Il a peint des marines de quoi en tapisser toute la maison ; sa chambre en est pleine.

— Alors sa paresse n'est qu'une tocade ; je saurais bien le guérir de cette maladie-là, Pierre, si tu voulais ?...

— Encore une fois qu'en ferais-tu ? où le placer, cet obstiné rapin ?

— Je commencerai par saisir le taureau par les cornes, je le mettrai au pas, il faudra bien qu'il marche : et j'en ferai *un homme*.

— Un homme, si cela se pouvait, tu comblerais mes vœux...

— Eh ! donc, laisse-moi essayer. Que risquons-nous ? si j'échoue, je te renverrai notre *fruit-sec* par le premier navire qui croisera l'*Astrolabe* pour rentrer en France...

— Si je pouvais seulement espérer une amélioration !...

— Dans trois mois la question sera résolue. Louis aurait un mois pour s'acclimater à bord, un mois de noviciat marin, et un autre d'application à l'étude qui lui serait préparée... Allons Pierre, décide-toi ! à quoi bon hésiter ?...

— Dis-moi seulement où tu veux l'utiliser,
dans le cas où il t'obéirait mieux qu'à nous ?..,
et alors je...,

—Comment, c'est là ce qui t'inquiète ? interrompit en riant Dumont-d'Urville... C'est par
trop paternel, major ; on abuse de ta faiblesse,
mille bombes ! on n'abusera pas de la mienne !
corbleu ! Allons, allons, voilà qui est conclu.
J'emmène Louis... et dès ce soir, tu entends,
Pierre, dès ce soir, je lui fais endosser l'uniforme.

— Lequel, Julien ? lequel ?

— L'uniforme de chirurgien de troisième, corbleu, monsieur le Major ! ne suis-je pas toujours maître d'ajouter un aide au corps de mes
officiers de santé ?

— Eh ! le malheureux enfant, il ne sait pas
plus de grec et de latin que de mathématiques !
C'est un âne, absolument un âne !...

— Un âne savant, alors, puisqu'il dessine,
Pierre ; mais peu importe. Telle est ma résolution : elle est irrévocable... Je crée « mon neveu
Louis » chirurgien de troisième ; aujourd'hui
même il en prendra la livrée. J'ai l'uniforme en
question dans ma valise !...

— A ces mots un fulgurant éclat de rire, partit
de la pièce voisine du salon, près de la porte
entrebaîllée où d'Urville était assis, fit tressau-
ter les deux amis.... Le Commandant bondit
vers la porte qu'il ouvrit toute large, et vit son

futur aide de troisième, pris de fou rire, et se tordant sur sa chaise, près de la table à écrire...

— Mille tonnerres ! Louis, que signifie ce tapage ? Que fais-tu là au lieu de te montrer ? Tu écoutes aux portes !!! c'est joli !...

— Mais non, mon oncle ; vous êtes entré à l'improviste dans le salon, avec mon père. Il savait bien, lui, que j'étais là, puisqu'il m'a assigné ce cabinet de travail... seulement j'attendais le moment de vous saluer, quand tout à coup, vous avez élevé la voix pour dire que vous me bombardiez chirurgien !!! et alors, y avait-il moyen de ne pas éclater ?... moi !... docteur !!! ah ! ah ! ah !...

— Mais pourquoi écoutais-tu, mille bombes ?

— Parce que mon père n'ayant pas fermé la porte, il n'y avait pas moyen de faire autrement que d'entendre, sans même écouter ; car vous parliez très haut, Commandant, et je ne suis pas sourd !...

— C'est vrai, Julien, dit le major ; je savais Louis près de nous ; et je suis content qu'il ait tout entendu...

— Je ne répéterai rien alors, puisque tu as si bien compris..., Tu peux dès maintenant faire ta malle. C'est une chose réglée, Pierre.

— Oui, mon ami, nous verrons cela après le déjeuner. Tu es à jeun, et le couvert est mis. Je flaire le fumet du potage ; allons nous mettre à table, Julien ; au dessert nous en recauserons.»

A la fin du repas Dumont-d'Urville reprit sa thèse.

Il déclara qu'à bord de l'*Astrolabe* la discipline était admirable : et, qu'une fois en mer, sa volonté était indiscutable. Que si Louis ne s'y pliait pas de prime-abord, ce serait l'affaire de huit jours pour conquérir l'habitude d'obéir au premier signe. Et qu'une fois la docilité acquise, le reste irait tout seul. Que Louis n'était pas plus bête qu'un autre, qu'il ne manquait ni de cœur ni de persévérance, puisqu'il dessinait comme un enragé. Qu'il pouvait emporter toutes ses œuvres en disponibilité, pour tapisser les cabines de l'*Astrolabe* et de la *Zélée*. Qu'il aurait l'occasion de peindre, à ses loisirs de bords, pour se reposer de l'étude, etc., etc.

Puis, se tournant vers Louis, qu'il avait fait asseoir à ses côtés :

«Voilà ce qui arrive, monsieur, quand le corps seul prend des forces et que l'esprit reste inculte. Tu nous obliges, ton père et moi, à te traiter en enfant... Tes études sont nulles.

Pour qu'une carrière s'ouvre devant toi, tu vas recommencer quand les autres finissent ! Trois ans perdus ! Voilà ce qu'on gagne à ne rien faire... jeune obstiné...

— Rien faire ! Mais j'ai eu tous les ans le prix de dessin au collège ?

— C'est du luxe, cela. Il eût mieux valu, même pour être peintre, un jour, faire de bonnes classes. La carrière des beaux-arts comme les autres, repose sur les études classiques, sache-le une fois pour toutes...

— Allons, Louis, va faire tes préparatifs de voyage au long-cours, tandis que nous réglerons le détail de cette grosse affaire avec notre incomparable parent, dit le major, enfin résolu à la terrible séparation... Et quand les deux amis s'épanchèrent cœur à cœur, le pauvre père dit :

— Vois-tu, Julien, je suis si faible pour ce coquin d'enfant, que son départ me remue jusqu'au fond de l'âme... Et pourtant il le faut ; et je te voue une reconnaissance inextinguible ; quoiqu'il arrive... Ah ! que le ciel rende à ton fils, tout le bien que tu veux à Louis !... Nous allons brûler des cierges à *Sainte-Anne*, tant que durera l'expédition. »

CHAPITRE III

I

L'*Astrolabe* et la *Zélée*, deux corvettes de
taille très différente, puisque l'*Astrolabe* avait
l'ampleur d'une frégate, tandis que l'élégante
Zélée mesurait la modeste envergure d'une ga-
barre ou coquille de mer, — formidablement
équipées par les soins prévoyants du Commandant d'Urville, — appareillèrent le 1ᵉʳ septembre 1837, par le plus beau temps du monde.

Le célèbre marin, entouré d'un état-major
d'élite, de savants naturalistes, — hommes
éprouvés qui n'en étaient, pas plus que lui, à
leur premier tour du monde, — comptait aussi

à son bord des spécialistes distingués qui bri-
guaient l'honneur de naviguer avec lui, de partager, quels qu'ils dussent être, les périls de sa
campagne ; et d'illustrer leur nom, en unissant
leur aventureuse destinée à celle du *Cook* Français.

Debout, sur le grand pont de l'*Astrolabe*, Dumont-Durville, tenant d'une main son chapeau
à larges ailes, recouvert d'un long panache en
plumes d'aigle et d'autruche, et de l'autre un
énorme bouquet de fraîches pensées, que son
fils lui laissait en l'étreignant une dernière fois,
Dumont-d'Urville envoyait à madame d'Urville,
immobile sur la plage, un signe de suprême
« *au revoir* » tandis qu'ils échangeaient ce profond regard d'*adieu* mille fois trop déchirant, si
l'espérance chrétienne, héroïque et sublime,
n'en avait adouci la poignante expression.

Il est parti ! Il s'éloigne sur son beau navire
poussé en pleine mer par une brise des plus favorables ; mais on le voit braquer sa lunette sur
sa femme et son fils, et rester debout, dans leur
direction, tant qu'il lui fut possible de les apercevoir.

Elle, jusque-là forte et calme, courageuse et
sans larmes, elle continuait aussi à agiter sa
main tremblante, comme pour dire à d'Urville :
« *Je te vois encore !!!* »

Mais quand les dernières voiles disparurent à
l'horizon et que l'azur de la Méditerranée ne

garda plus trace du long sillage des navires, madame d'Urville, à bout d'efforts sur elle-même, tomba à deux genoux sur la jetée, et le groupe d'amis qui l'entourait entendit ses sanglots, trop longtemps comprimés!... Jules d'Urville, agenouillé près de sa mère, pleurait avec elle...

Chacun s'écartait, respectueusement ému, devant cette noble et touchante douleur...

« Comment soutenir dignement de telles angoisses, une si redoutable séparation, sans une foi ardente dans le Rémunérateur Eternel, et une espérance profonde en notre Père céleste? disait un jeune prêtre, guide et professeur de Jules d'Urville, qui avait voulu suivre son élève au rivage pour le consoler... »

Il restait là, tout près d'eux ; voyant peu à peu succéder sur les beaux traits altérés de madame d'Urville, l'apaisement religieux de la prière, et l'inspiration surhumaine que donnent les saintes énergies de l'âme...

La femme forte reprenait insensiblement son courage viril, sous l'empire des sentiments les plus élevés comme les plus conformes à son austère et exceptionnelle destinée.

De pieuses et simples femmes de matelots, voyant madame d'Urville toujours à genoux près du rivage, dans l'attitude d'une humble et fervente supplication, l'imitèrent en silence, et prièrent avec elle et son fils.

Quand elle se releva appuyée sur l'adolescent, madame d'Urville vit, en se retournant, les pauvres compagnes de sa douleur.....

« Merci, leur dit-elle, merci du fond du cœur, d'avoir prié avec nous, si je puis à mon tour vous rendre quelque service, venez me trouver ; tout le monde ici vous indiquera ma demeure.....

— Oh ! madame, fit l'une d'elles, les infortunés vous connaissent à Toulon. »

Il fallut encore que Madame d'Urville rentrée chez elle, le cœur broyé de se voir solitaire à son foyer en deuil pour des années ! consolât de nouveau son fils.....

Jules d'Urville n'avait pu voir Louis Lebreton et d'autres jeunes gens s'établir à bord du vaisseau de son père, sans ressentir le vif regret de ne pas les suivre.....

Pour épargner à Dumont-d'Urville une pénible émotion de plus, Jules s'était contenu devant lui... Mais une fois seul avec sa mère, son cœur avait débordé, et ses plaintes aussi !... mais Mme d'Urville n'était pas seulement femme forte et mère tendre ; elle était encore éducatrice intelligente ; son esprit, fécond en ressources, saisit, comme un levier, le courage de son fils, ses regrets, ses plaintes désormais inutiles ; tout cela se changea en motifs d'émulation ; et l'adolescent, pour attirer sur son père chéri la protection du Ciel, pour mériter à l'expédition au Pôle-Sud toutes les préservations que pouvait désirer son chef, enfin pour obtenir lui-même la persévérance et le succès dans ses classes, et avoir bien des palmes à montrer, au retour de l'*Astrolabe*, Jules sut se vaincre et oublier ses regrets...

Alors commença cette austère et noble existence qui ne laisse pas de place à l'égoïsme. Madame d'Urville en gardait l'admirable secret. Non seulement on pensait au cher absent, on parlait de lui, on faisait des projets pour lui ; mais encore on travaillait pour lui. Tout le bien caché que l'ingénieuse mère faisait par les mains de son enfant, c'était au nom du grand navigateur exposé à tous les périls, qu'il s'accomplissait sans bruit et sans relâche.....

Aussi, comment les saints tressaillements d'une Espérance invincible n'eussent-ils point transfiguré une telle existence ?.....

Tristes et isolés autant qu'on peut l'être par la plus douloureuse absence du chef de famille, Madame d'Urville et son fils n'eussent point échangé leur si haute épreuve pour toutes les fugitives et vaines satisfactions du monde...

Ah! c'est que la divine Espérance s'affermit de tout ce qu'elle a humainement à souffrir... C'est que le bonheur relatif de notre vie transitoire n'est point où le place une ambition vulgaire, et les jouissances même les plus légitimes d'un cœur satisfait. Non, le bonheur n'est pas là.....

Le bonheur est simplement dans le devoir
bien rempli. Et plus l'homme se plonge, se perd
et s'oublie soi-même, dans l'accomplissement
du devoir, tel que le lui montre sa conscience.
plus il jouit « en lui » de cette *paix qui sur-
passe tout sentiment*, car elle est la plus haute
récompense que le Ciel offre à la terre !.....

Pauvres égoïstes ! malheureux impies !...
Tous vos plaisirs réunis se changeassent-ils
en un fleuve de délices, ne vous donneraient pas
une goutte de l'océan de paix d'où découle le
bonheur !!!

II

Revenons maintenant à l'escadre modeste qui commence la plus lointaine expédition maritime de l'époque.

Suivons par la mémoire l'*Astrolabe* et la *Zélée*, portant aux extrémités du monde ce groupe d'hommes d'élite, cette pléiade des savants, guidés par notre illustre marin, vers le plus vaste champ d'exploration livré à la science moderne.

L'*Astrolabe* portait trois cents hommes, plus quelques passagers, que ne tentait nullement l'idée d'aller au bout du monde. Les côtes de la Hollande, de la Prusse et de la Russie, devaient en alléger le navire, avant qu'il fût entré dans les régions supérieures de l'Océan austral.

La *Zélée* comportait un équipage d'environ deux cents hommes : le capitaine Jacquinot, un vieil ami de Dumont-d'Urville, commandait la jolie corvette.

Chacun des deux vaisseaux avait emmagasiné à fond de cale sa part du colossal approvisionnement ; rien de plus complet, de mieux ordonné que l'aménagement général de l'escadre depuis les vivres et les boissons jusqu'aux engins de guerre, de sauvetage, de sondage, et le reste.

Si l'expédition n'était pas armée pour l'attaque elle l'était du moins pour la défense. La paix de l'Europe semblait assurée pour un certain laps de temps, et rien, d'après les apparences, ne devait troubler nos conquêtes scientifiques et coloniales ; néanmoins les dangers de la mer, bien autrement multipliés que les périls de la terre ferme, obligent le circumnavigateur à s'environner des moyens de défense très variés, quand il s'agit d'explorer les cinq parties du monde.

A côté d'un matériel et d'un outillage considérable, toutes les ressources intellectuelles formaient un arsenal qui laissait peu de chose à désirer ; la bibliothèque de l'*Astrolabe*, très abondamment fournie de beaux et bons ouvrages, se trouvait placée entre l'appartement du Commandant d'Urville et celui du digne abbé Janick, aumônier volontaire de l'Expédition. Sur le flanc opposé du vaisseau, près des chambres de son « second », Dumont-d'Urville avait établi une installation complète, cabinets d'étude, laboratoires, ateliers de toutes sortes,

pour les travaux d'applications qu'il devait faire
exécuter, et le fonctionnement expéditif des éléments de travail qu'il voulait grouper sous sa
vigilante initiative.

Au milieu de ce monde maritime, absolument nouveau pour lui, le jeune Louis Lebreton, plus gêné que satisfait dans l'uniforme de
chirurgien que le Commandant lui avait im-
posé en lui donnant un grade, — ce qui lui semblait une amère plaisanterie, — promenait ses
premiers jours de noviciat marin, dans un mélange de regrets, de désirs curieux et des réflexions perplexes, qui n'étaient pas précisément à l'unisson de l'entrain général.

Sauf l'aumônier qui dès le premier jour était
venu le chercher près du banc de quart, pour
lier connaissance, Lebreton ne fraternisait encore avec personne... Il avait conscience de sa
nullité, et peut-être un peu honte de paraitre ce
qu'il n'était pas...

Oh! combien déjà, il s'en voulait d'avoir
perdu ses années de collège, et d'avoir obligé
son père à user de rigueur envers lui !...

Jamais il n'aurait cru qu'on en viendrait à
réaliser des menaces si souvent tombées en
« *eau de boudin* » : à l'exiler de Bretagne et de
France pour je ne sais combien de temps !... Ce
n'est pas qu'il fût fâché de faire le tour du
monde sous la protection d'un homme tel que
Dumont-d'Urville ; au contraire, ce magnifique

voyage, si amplement organisé, dont le prélude
était si brillant, flattait singulièrement sa curiosité et même son amour-propre..... Mais ce
qui ne flattait pas du tout ce même amour-propre, c'était de laisser voir à la galerie son igno-
rance et la cause réelle, intime, de sa présence
à bord d'un navire tel que l'*Astrolabe*, où tout
le monde, même le dernier matelot et le plus
petit mousse, aurait pu lui en revendre, en fait
d'instruction et de savoir-faire...

N'être bon à rien, qu'à peindre des marines,
c'était à la rigueur supportable au fond de la Bretagne, au sein d'une famille nombreuse, alors
que chacun dans le pays s'intéressait à lui, et
l'aimait, quand même...

Mais là, au milieu de ce groupe de gens
d'élite, perdu dans cet équipage si brillant, si
bien dressé à la manœuvre, c'était par trop gênant de se sentir revêtu d'un uniforme qui faisait penser de lui des choses flatteuses, avanta-
geuses, qu'il ne méritait pas, et dont la seule
idée le faisait rougir.

Malaise bien naturel, autant que justifié... Déjà à Paris, où Dumont-d'Urville l'avait présenté
à quelques amis, Lebreton avait eu grand'peine
à tenir son sérieux ; à paraître au moins convenable, quand il avait subi les félicitations, les
compliments sur « son courage, son heureuse
chance, récompense probable d'un mérite précoce, et d'un travail persévérant, etc.

Et il n'y avait pas eu moyen de le soustraire
à ces scabreux débuts...

Aussi, quand Lebreton aborda l'*Astrolabe*, et
qu'il en étudia le superbe équipement, surtout
l'admirable discipline, sa honte de lui-même,
le total effacement de sa vanité de peintre en
herbe, devinrent une réelle souffrance pour le
jeune homme... Alors, seulement alors, il se
prit à réfléchir, à comparer, à maudire ce dégoût des études classiques, qui le plaçait, à dix-
huit ans, au niveau d'un enfant de quatorze ans
doublant sa *septième* !... Ah ! oui, il passa au
début de bien mauvais moments à bord, le pauvre Louis l'*obstiné*.

Le Commandant, sans avoir l'air d'y toucher,
vit d'un clin d'œil tout ce qui traversait l'âme
de son protégé...... et Dumont-d'Urville augura
favorablement de ce laborieux examen de conscience, si humiliant, mais si salutaire...

« Abbé Janick, dit-il confidentiellement au
brave aumônier, je vous confie mon jeune aide
de troisième. Il a du chagrin d'avoir quitté sa famille ; remontez-le.

— Merci, Commandant... déjà nous avons fait
connaissance sur le pont ; il m'est très sympathique, ce bon jeune homme ! ce sera mieux encore,
à présent que vous me le donnez. Encore mieux !
répéta l'excellent abbé, en saluant Dumont-
d'Urville qui s'éloignait en braquant sa lunette
sur l'horizon, rembruni par quelques nuages. »

En l'état de détresse morale, d'abattement profond où se voyait acculé mon cousin, il était plus facile à ce bon *Père-Jean*, — comme disaient déjà les matelots, — de pénétrer dans l'esprit malade du rêveur, pour lui faire du bien, que s'il eût été content de lui-même...

« Vous êtes triste ce matin, monsieur Lebreton, et je ne m'en étonne pas... il faut le temps de s'accoutumer à bord, et de s'habituer à tant de visages inconnus... Tout est nouveau, tout est étranger ici, pour vous comme pour moi ; et ce n'est pas gai ; mais nous nous y ferons, — car on se plie à tout, — c'est le premier moment à passer, qui coûte le plus...

Qu'êtes vous donc devenu hier ? je ne vous ai pas aperçu de toute la soirée, quand la cloche de la prière vous a fait apparaître sur le pont, j'étais à l'autre extrêmité du sabord, et vous êtes redescendu si vite, après, que je n'ai pu vous dire bonsoir ?...

— Hier, j'avais la migraine, monsieur Janick : et puis je suis ennuyé, désorienté, secoué par un changement très brusque. Je n'ai ni le *pied* ni le *cœur marin*... Pourrai-je m'acclimater ici ? j'ai peur que non. Et cependant l'idée de faire le tour du monde avec Dumont-d'Urville m'a un instant ravi de plaisir.....

— Eh ! oui, ça enchante l'imagination quand on est jeune, un si beau et si lointain voyage ! pensez donc, quelle brillante expérimentation !

s'embarquer à dix-huit ans, et assister, en spectateur privilégié, à l'exploration scientifique de toutes les mers !... Je suis sûr que votre départ avec le Commandant vous a valu bien des envieux ?...

— C'est possible, pour qui ne voit que la surface : mais quand on va au fond des choses...

— Eh bien ! cher monsieur, le fond des choses ici, c'est l'acquisition d'une foule de sciences au moyen d'une foule de découvertes ; rien que cet espoir suffit pour tenter la curiosité du voyageur vulgaire... mais il me semble, quand on est peintre, quand on est docteur, comme vous...

— Docteur ! moi ! c'est pour la forme, monsieur l'Aumônier ; je parierais volontiers que le petit Zaroff, le mousse du Commandant, se tirerait mieux que moi d'une opération !... je n'ai jamais touché une lancette ; la vue du sang m'écœure, j'ai horreur d'écraser même les mouches ; voir saigner un poulet me fait fuir, et je n'ai jamais pansé une blessure...

— Pas possible, dit l'abbé, en souriant d'un air stupéfait... Pas possible ! mais alors comment se fait-il ?

— Oui, c'est très surprenant, c'est même renversant que je sois affublé de cet honorable uniforme qui mérite, certes, votre considération, mais que je ne mérite pas de porter, moi !...

« — Allons ! je vois que vous aimez à vous ca-
lomnier, et que...

— Pas du tout, c'est la vérité pure ; et je ne
veux pas, d'après l'amitié que vous me montrez,
vous laisser croire de moi ce qui n'est pas, ce
qui n'a jamais été et ne sera jamais !...

C'est pour me donner une contenance sur
l'*Astrolabe* que mon oncle m'a bombardé aide
de *troisième*, sans que j'aie la moindre notion
de chirurgie... *là !* Comprenez-vous maintenant ?...

— Je sais que le Commandant vous porte le
plus vif intérêt, cela suffit pour que je vous
aime cordialement ; d'autant plus qu'en vous
voyant dès le début, je me suis senti attiré
vers vous... qu'ai-je besoin de comprendre
autre chose ? Le reste ne me regarde pas, monsieur Louis...

— A la bonne heure, appelez-moi *Louis*, et
jamais plus docteur, car ça me cause une sensation des plus pénibles, ce titre là ; et puisque
vous êtes si bon pour moi, père Janick, je vous
dirai toute l'histoire de mon embarcation... je
ne veux pas voler votre estime, ni vous en im-
poser d'aucune façon... »

L'excellent homme, à ces mots, serra mon
cousin dans ses bras nerveux, et l'embrassa à
deux reprises, ému et touché qu'il se sentait, de
cette brusque franchise bretonne, qui recouvre
sous sa rudesse les plus nobles qualités de

l'âme. Désormais une solide et profonde amitié était cimentée entre les deux *habitants* de l'*Astrolabe*, également bas-bretons...

CHAPITRE IV

Pendant les premières semaines de circum-navigation dans la Méditerranée, l'Expédition ne rencontra aucune sérieuse difficulté à vaincre. L'atmosphère était agréable, les vents enchaînés, la saison favorable ; aucun de ces gros temps avant-coureurs néfastes des tempêtes, ne signala dans ce bel automne de 1837, ni fâcheuse rencontre, ni sinistre marin ; c'était avant l'équinoxe de septembre, le meilleur moment de l'année dans nos parages Européens.

Notre jeune cousin profitait des vacances que lui avait accordées Dumont-d'Urville pour s'acclimater à bord. Désormais soutenu par l'in-

génieuse amitié d'un vaillant homme de bien
qui avait deux fois son âge, et beaucoup plus
encore d'expérience et de courage, Lebreton
avait déjà gagné sur plus d'un point : ses idées
étaient moins sombres, sa volonté moins capri-
cieuse.

Pour alterner avec ses crayons, — toujours
chéris — il lisait, non sans pousser de profonds
soupirs, il lisait le manuel des chirurgiens de
marine... occupation quelque peu ardue pour
lui, mais d'autant plus utile que ses vacánces
finissaient avec la semaine, et qu'il allait falloir
mettre la main à l'œuvre.

Dumont-Durville autour duquel personne ne
restait sans rien faire, voulait encore qu'on se
rendît compte de tout ; les vacances n'étant
point un obstacle à la tenue du journal de bord,
il avait dit à Louis, en lui montrant sa cabine :
« Mon ami, tu as ici tout ce qu'il faut pour
écrire, je désire que tu ne passes pas un jour
sans consigner tes réflexions, ou prendre des
notes de voyage sur tout ce que tu verras. »

Et, lui désignant un assez gros cahier, non
pas seulement broché, mais cartonné, le Commandant ajouta : « Voici la table et voici les ta-
blettes, sur lesquelles tu broderas le récit fan-
taisiste, mais régulier toutefois, de tes aventures
maritimes et pittoresque à bord de l'*Astrolabe*...
Tu vois, le titre y est, la date aussi ; c'est de la
besogne toute mâchée... Une page par jour, (il

y en a un millier), cela te mènera à la fin de la
campagne. Chacun ici-en fait autant, quant aux
hommes qui sont sous ma conduite, et qui peuvent écrire... si ça t'ennuie, tu t'y feras... Tu
suppléeras ainsi au défaut d'un service postal...
En mer, les lettres sont longues à venir, d'un
envoi plus ou moins rare et difficile, selon les
rencontres. »

Mon cousin n'avait pas osé répliquer. Il n'aimait guère à écrire, et ne savait pas exposer sa
pensée en périodes littéraires. Il commença par
ânonner : c'est un genre d'exercice intellectuel
qui demande une certaine préparation d'esprit
que d'écrire son histoire au jour le jour. —
« Cela semble aisé, et ça ne l'est pas, disait le
jeune peintre à son cher abbé...

— Allez toujours, monsieur Louis, allez
quand même, sans songer au succès de la
chose. C'est la volonté du Commandant, cela
suffit. D'ailleurs, une page, ce n'est pas une
affaire. »

Au bout de huit jours Dumont-d'Urville
voulut voir les premières pages... Il fallut
s'exécuter...

Le Commandant lut, et se prit à rire. Néanmoins, il rendit le manuscrit à l'auteur avec
des paroles d'encouragement ; l'assurant d'ailleurs que le major Lebreton trouverait, à lire
les premières inspirations de son fils, un
charme tout particulier.

L'essentiel, pensait Dumont-d'Urville c'est que mon jeune gars soit mis au pas, que nous disciplinions ses habitudes, et, que sa volonté s'assouplisse... Grâce à l'intelligente bonté du père Janick nous y arriverons... et s'il y a des moments difficiles, eh bien! nous patienterons.

« Savez-vous, que c'est une fière corvée d'écrire, et que j'aurais bien plus tôt fait de crayonner la chose que d'aligner à ce sujet des pattes de mouches? disait Louis à son confident.

— Sans doute, répondait l'abbé ; mais quand une fois l'habitude vous sera venue, ça ira tout seul. Profitez, en attendant, des quelques jours de liberté pleine qui vous restent pour peindre la *prière du soir*?

C'est un grand spectacle qui vous saisit l'âme, que ces cinq cents hommes à genoux sur le pont des navires, jetant d'une seule voix leur fervente invocation à Dieu. Moi-même, malgré l'habitude, je ne suis pas blasé sur cette sainte émotion.

— J'ai déjà commencé, l'autre soir, quand, la nuit était si splendidement belle qu'on pouvait compter les millions d'étoiles. J'ai pris le croquis.

— Vous avez commencé comme cela, sournoisement, sans me rien dire? sans souffler mot à M. Goupil?

— C'est que je voulais vous surprendre...

— Ce n'est pas nous, c'est le Commandant qu'il faut surprendre... Je vous dirai pourquoi, Monsieur Louis...

— Ah ! c'est un petit complot, un secret, un mystère ?

— C'est tout simplement un calcul dans votre intérêt ; afin de vous épargner une corvée qui se prépare pour vous, *aide de* troisième, si vous n'êtes point autorisé à faire autre chose, au moment où la besogne chirurgicale viendra.

— Quelle est cette besogne, de quoi s'agit-il ? père Janick.

— Il s'agit de *Tigora* qui a la grenouillette et qui va tourner l'œil.

— Tigora ! la grande guenon du pilote ? Cette affreuse bestiole, criblée de tant d'infirmités que les matelots la menacent d'un coup fourré pour faire des misères à son maître ? En quoi, la mort de cette vieille bête, — la plus laide de toute la ménagerie du bord, — m'atteindrait-elle dans mes fonctions improvisées ?...

— Il faudra la disséquer ; cela regarde les *aides*, monsieur Louis. N'entendez-vous pas les matelots qui vous désignent d'avance comme le plus jeune ?... Ils attendent la peau de Tigora !

— Eh bien ! dites vite ce que je dois faire pour me soustraire à cette répugnante besogne. A la seule idée de pratiquer une saignée à ce singe, le cœur me soulève de dégoût... jugez alors...!

— C'est pour cela qu'il faut aller vers le Commandant lui exposer le fait, et vous faire exempter, pour finir votre tableau... Tenez, il vient par ici, et cause avec M. *Le Second*, profitez-en...

— Compris, père Janick, merci ! j'y cours...

« Commandant, une grâce ! Daignez m'autoriser à peindre tout le jour. J'ai un travail à terminer et mes vacances finissent!... »

Dumont-d'Urville se mit à rire, il avait deviné l'urgence de la requête...

« Accordée la grâce. C'est-à-dire que je veux bien te dispenser des taquineries qui te menacent... tu n'entreras en charge que dans trois jours. D'ici là, j'entends que tu puisses achever ta peinture, en échappant aux tracasseries de l'équipage... Voici une clef de ma forteresse... La cabine de Zaroff est aux avant-postes, à gauche, première porte. Entre là dedans avec ton attirail... Tu me rendras cette clé demain soir. »

Le commandant s'éloigna en souriant. Mais les deux amis l'entendirent glisser dans l'oreille « du Second » : « Ces jeunes peintres, ces artistes, ont les nerfs délicats !... Louis n'est pas aguerri ; il s'effrayait à la seule idée de *deshabiller* Tigora, dont la peau est déjà capturée des amateurs... »

Quelques heures plus tard, grand vacarme sur le pont de l'*Astrolabe*. La pauvre bête s'étant éteinte de sa belle mort, on criait de tous côtés : « L'*Aide du troisième!* où est-il donc fourré ?...

— Oh! hé! Aide du troisième! Tigora vous attend! venez la dépecer!... »

Mais mon cousin, qui s'était enfermé dans la cabine de Zaroff, laissa crier, tempêter après lui, tous les mauvais plaisants qui avaient cru se divertir au sujet de ses répugnances déjà connues et plus encore de sa gaucherie à s'acquitter d'une opération odieuse autant que redoutée...

Louis était en sûreté ; il pouvait, tant que dura la méchante corvée, se moquer à son tour du tapage et des tapageurs. La condescendance du Commandant stimulant son travail artistique, le petit tableau de la prière du soir était achevé quand il quitta la cabine hospitalière.

C'était une aquarelle très bien réussie où se révélait l'étincelle d'un vrai talent.

M. Goupil, peintre en chef de l'expédition avait donné quelques conseils à Lebreton, dont le gracieux travail se ressentait déjà de la critique du *maître.*

Liés par une communauté de goûts qui les eut bientôt mis en relation journalière, nos deux peintres, le grand et le petit, trouvant dans l'abbé Janick un amateur d'un goût vif et original, commencèrent dès lors à se réunir à trois, dans un agréable échange d'idées, de causeries, et de bons services.

« Commandant, voici la clé que vous m'avez confiée hier, et voici *ma planchette* qui est finie, grâce à vos bontés pour moi...

— Voyons l'aquarelle, Louis ? voyons comment tu travailles, de quel procédé tu te sers ?... Je suis loin d'être un *barbare* en fait de peinture... et, quand il s'agit de *marines* cela me touche de plus près encore... »

Et Dumont-d'Urville chercha le meilleur jour, afin de mieux juger l'effet de cette *prière du soir*, dont il avait entendu parler avantageusement par M. Goupil.

« C'est bien, mon ami, la vérité y est ; c'est vivant, la touche est juste, elle *porte* ; ton coup de crayon n'hésite pas, tu as du *souffle*, de l'animation... je conçois ton entrain à peindre... Il n'est homme au monde qui ne préfère à tout autre, le travail où il réussit facilement... Tout cela est aisé, courant et prime-sautier. Allons, mon neveu, tu arriveras à quelque chose, quand tu auras refait tes classes... Sans cela, vois-tu, rien de solide, rien de sérieux. Il faut devenir un homme complet ; rien ici ne te manquera pour t'y aider... En toi-même il y a l'étoffe nécessaire. Tu es un élève intelligent, et j'ai sur mon vaisseau d'admirables professeurs.

Le chirurgien de *seconde* est un linguiste distingué, tu lui plais, il te poussera... C'est lui que je charge de te donner la notion des anciens auteurs... Car les langues vivantes ont pour racine les langues mortes ; il n'est pas permis d'ignorer le latin et le grec... Jusqu'ici tu t'es montré bon camarade, et convenable en tout. Je suis content de toi ; et notre brave aumônier, — un breton *bretonnant* celui-là ! — y est bien pour quelque chose, puisqu'il t'a déjà aidé à te vaincre toi-même...

— Oui, commandant, le *Père-Jean* est une Providence ; il m'a tiré du découragement ! l'ennui me gagnait sans lui !

— Très bien, Louis ; tu es en bonne voie. Il ne s'agit plus que de t'astreindre à un labeur gradué, persévérant... Ici, tous les éléments de travail s'unissent à la *sainte* contagion de l'exemple. Tu peux en juger depuis que tu fais partie (par contrebande) de mon armée de savants. » Et d'Urville sourit.

« Tout le monde *bûche* sur l'*Astrolabe*, du mousse au Commandant qui n'est pas le moins occupé !

Donc si je t'ai laissé contempler la mer, et dessiner, ma foi, de fort jolies marines, il faut dès aujourd'hui reléguer ce passe-temps, non aux calendes grecques mais aux futures vacances... J'ai donné ordre de mettre dans ta cabine les livres classiques nécessaires. Le chi-

rurgien de *seconde,* malgré ses nombreuses oc-
cupations, te consacrera deux heures par jour.
Sous la direction d'un tel maître, tu avanceras
très vite ; et tu t'arrangeras d'autant mieux d'un
travail assidu que ce sera un moyen de te soustraire aux corvées chirurgicales que tu *abomi-
nes.* Il faut convenir que je suis bon prince,
hein, Louis ?

— Commandant, je ne m'acquitterai jamais
envers vous !

— C'est au contraire bien facile, enfant !
Puisque tu peux avec un peu de travail et beaucoup de bonne volonté, payer largement tes
dettes... Que voulons-nous, ton père et moi ?
Ton bonheur, un avenir honorable... Atteins ce
but, et nous serons satisfaits...

Tout homme doué d'intelligence et de raison
doit s'approvisionner du bagage nécessaire pour
pouvoir aborder une carrière sociale quelconque.
Nous te mettrons à même d'y parvenir, dans des
conditions exceptionnellement favorables... Tu
sais ce qui te manque... Le reste ne m'inquiète
plus. Ni ton père ni moi ne serons déçus de l'espoir que nous mettons en toi... Et si ta vieille
paresse pour le travail de tête voulait te resaisir,
Louis, tu n'auras qu'à regarder ton uniforme,
et penser un instant au grade dont tu es ho-
noré, parce que j'ai eu confiance en toi !...

Quel est l'homme de cœur capable de tromper la confiance ?...

— Ah ! Commandant, ne dites pas ça ! J'en souffre assez !...

— Eh bien ! cela suffit. Je compte sur toi. Bon courage, et soyons de belle humeur. »

Mon cousin trouva sa cabine enrichie d'un certain nombre de volumes, d'une rame de papier écolier, et de mille petites choses qui indiquaient l'attention bienveillante de d'Urville à son égard... Il se prit à réfléchir aux paroles profondes du Commandant ; et sentit bientôt naître en lui un désir non moins profond de répondre à tant de bienfaits...

Il était encore sous cettte impression salutaire quand le chirurgien de *seconde* vint le chercher pour le conduire dans son cabinet d'étude, et lui donner sa leçon préliminaire.

Tout ce qu'avait si bien prévu Dumont-d'Urville se vérifia selon les pressentiments du grand marin ; grâce au traitement moral fort intelligemment appliqué au « *sujet* » par l'abbé Janick, les traîtresses tentatives du « *vieil homme* » pour ressaisir sa proie aux heures sombres où le doute amer vient assaillir toute âme, pour l'abattre et la terrasser, Louis fut vainqueur dans la lutte... résultat d'autant plus réjouissant qu'il était moins attendu de ceux qui connaissaient le passé du jeune homme...

Il est bien rare en effet, sur mer comme sur terre, qu'après dix ans d'obstination continue,

le meilleur des maîtres obtienne un amende
ment radical chez son élève...

Lui-même, Dumont-d'Urville s'attendait à
des assauts, à des crises, à des boutades... Ses
noirs sourcils se fronçaient par avance, quand
il songeait à l'emploi nécessaire des moyens
extrêmes...

Il est vrai que l'amitié, et l'amitié profondément chrétienne du Père Janick, qui devinait
les difficultés intimes du caractère de Louis
avant leur éclosion, fut le premier et puissant
moyen de réforme... Mais encore, dira-t-on, il
fallait que le sujet s'y prêtât... C'est ici que je
m'incline devant l'intervention des secours religieux, joints aux circonstances heureuses que
fit naître le génie de Dumont-d'Urville...

Tantôt c'était des nouvelles de France ; un
souvenir de famille apporté par un vent favorable ; tantôt une expérience de physique ou de
chimie : tantôt une ingénieuse découverte pour
les sciences naturelles qui intéressaient assez
mon cousin...

Tout cela arrivait à point nommé pour agir
sur son esprit, pour lui aider à gravir l'ardu
sentier du labeur intellectuel, car les fortes habitudes n'étaient pas encore prises...

Il faut tant d'efforts pour *ancrer* les fortes
habitudes !... Les soirées passées· entre monsieur Goupil et le Père-Jean contribuaient aussi
à maintenir Louis au-dessus de lui-même.

Homme instruit autant que peintre distingué, M. Goupil, choisi par le ministre de la Marine sur l'initiative du Commandant de l'expédition qui connaissait son mérite, était digne en tous points d'occuper un premier poste parmi les tenants de l'illustre marin. Son caractère était à la hauteur de son talent ; et l'on se sentait flatté d'obtenir sa sympathie.

Il en fut ainsi pour le jeune peintre, M. Goupil n'eut pas plus tôt reconnu en lui le germe d'une supériorité artistique qu'il prit plaisir à en cultiver l'éclosion. L'âme noble du maître ne connaissait point l'envie ; et la prodigieuse facilité qu'avait Louis à peindre, l'intéressait sans lui porter ombrage, à lui que le travail pourtant fatiguait, à lui que des migraines et une faible santé couchaient souvent dans l'inaction forcée, partant toujours triste !...

Ce fut encore là pour l'abbé Janick une chère et douce mission ; consoler et fortifier cette âme d'élite aux prises avec la souffrance corporelle et la prostration des forces musculaires. Il aimait monsieur Goupil...

Deux mois se passèrent entre ces trois hommes, de natures et de conditions si diverses, dans un fécond échange de relations agréables ; et, quant à mon jeune cousin, infiniment utiles et même précieuses.

Quoique dans une mesure bien différente, Louis s'était déjà pris d'un sincère attachement

pour cet artiste d'élite qui lui donnait de si ju-
dicieux conseils : qui, après de sèches et laborieuses journées, parfois ingrates et attristées
par le labeur difficile, lui faisait passer une
heure charmante, dans le repos du soir, à cau-
ser peinture, philosophie pratique, ou *nécessité
de la science à acquérir pendant qu'on est
jeune, et apte à tous enseignements....* heureuse
coïncidence, en effet, pour Louis ? Mais combien elles furent fugitives, ces causeries fécondes, ces soirées « *à trois* » que Dumont-d'Urville
voyait d'un œil satisfait !...

Hélas ! les soudaines péripéties de l'existence
humaine sont bien autrement fréquentes et terribles sur l'Océan que sur la terre ferme ?

CHAPITRE V

I

Le matin, au lever du soleil, mon cousin re-
joignait sur le pont l'abbé Janick, et leurs entretiens avant les heures d'études, étaient de
nature plus intime que les causeries du soir
dans l'atelier de M. Goupil.

« Eh bien ! M. Louis, le chirurgien de *seconde* est de plus en plus content de vos études;
il me l'a dit hier...

— C'est-à-dire qu'il s'entend à merveille à
professer. A moins d'être un cuistre fiéfé, on
mord à l'hameçon avec un tel maître. Seulement, à peine m'aperçois-je que je vogue ? mon

crayon chôme aussi bien que la flânerie...
Quelle différence avec le collège ! Ici tout con-
tribue à soutenir le travail ; là-bas, je n'étais
pas seul à flâner ; et j'en voyais de pires, qui
murmuraient, qui faisaient de mauvaises farces
au pauvre pion ; moi, jamais. Je dessinais en
cachette, voilà tout ; puis au lieu d'écouter la
leçon, je rêvais de chasser l'alouette... si le professeur grondait, je faisais le sourd... L'émulation m'était inconnue ; sur l'*Astrolabe* elle m'ai-
guillonne.

— Quoi d'étonnant ? Là-bas, le sentiment
des réalités, ne s'était pas encore éveillé... Vous
ne compreniez pas clairement, pourquoi l'homme, né au sein d'une famille et de la société,
doit leur apporter son concours, pour remplir la
loi du Créateur... Enfants, nous sommes tous
plus ou moins égoïstes ; cela vient des mères
qui adorent leurs fils au lieu de les *élever*.... de
les aguerrir, comme elles le devraient, pour le
bon combat... Il n'y a d'enfant indisciplinable
que celui à qui l'on n'apprend pas l'obéissance.
Quand un enfant est entouré de trop de petits
soins, il s'enorgueillit, il s'adule, il rapporte
tout à soi... C'est comme un petit dieu qu'on
admire et qu'on encense !...

— Oh ! pas moi ! J'étais orphelin, on ne
m'admirait pas ; mais on me laissait la liberté
d'un chat sauvage. A la maison, personne ne
me contraignait au petit travail de l'enfance ;

ni plus tard, quand j'étais au collège. Jamais ma famille ne m'a grondé ; il leur semblait à tous que le goût de l'étude devait me venir naturellement, sans effort ni lutte !

— Il n'y a que la mauvaise herbe pour grandir sans culture...

— Certes ! je l'apprends à mes dépens ; et c'est un peu dur...

— M. Louis, quand vous exercerez un jour le *sacerdoce de la paternité*, l'expérience acquise *ici* vous servira en double : hein ?

— N'en doutez pas ! A moins que je perde la mémoire, il faudra que *monsieur* mon fils obéisse... Sinon, je lui apprendrai à vivre ! »

Là-dessus, éclat de rire retentissant pour toute réponse...

« Oui, riez ! riez tant qu'il vous plaira, l'abbé ; en attendant, je ne serais pas chirurgien *pour rire*, si la bonne femme de belle-mère que je possède, avait châtié l'âne mutin que j'étais à l'âge de raison. Elle m'a toujours ménagé, quand je méritais le *fouet*.

« C'est un enfant, disait-elle, ne le fouettez pas. »

Aussi pour la punir de son *excessive bonté* envers mes défauts, je n'écrirai qu'à mon père...

— Vraiment, je voudrais que d'autres mères entendissent vos paroles... L'enfant *gâté*, quand sur le tard vient la raison, aime peu ou mal sa mère : *la gâterie engendre l'ingratitude*. Il faudrait graver cela dans le cœur de celle qui veut être sincèrement aimée de son fils !...

— Père ! écrivez un ouvrage sur l'éducation maternelle : vous citerez *mon cas*, je vous y autorise.

— Peut-être, monsieur Louis, peut-être bien, ce sont là des conseils si utiles qu'on n'en donnera jamais trop.

— Oh ! quel requin ! quel monstre, plutôt ! regardez à l'est ; celui-là ne ferait qu'une bouchée d'un homme tombé à la mer... Si M. Goupil était là, il chargerait sa canne-fusil ! mais pour tuer la bête il faudrait plus d'un coup...

— Pauvre M. Goupil ! il a souffert toute la nuit : qu'elle désolante santé ! deux migraines par semaine !...

— Je le plains d'autant plus que je n'ai point de remède à lui offrir.

— C'est comme la goutte du Commandant ! « cette satanée coquine » comme dit Zaroff, qui en frémit d'avance...

— Ah ! oui, Zaroff a une peur bleue de la goutte de « mon oncle. »

— Mais avec quelle énergie le Commandant la malmène et la dompte ! Il a un courage incomparable. Je l'admire sans cesse...

— Moi aussi, mais quand la goutte lui remonte à l'improviste, c'est une panique générale, dit Zaroff ; tout le monde reçoit la première bordée d’une colère aussi prompte que le mal. Il est vrai que Zaroff ajoute pour correctif: mon capitaine redevient alors doux et calme ; malgré la persistance ou la violence du terrible mal... c’est comme un coup de foudre...

— J’ignorais absolument ce détail, je conçois fort bien qu’en dépit de son empire sur lui-même, Dumont-d’Urville ne puisse se mettre en garde contre l’attaque imprévue... Car, M. Louis, la goutte, il faut le remarquer, c’est une attaque !

— Mais que vois-je ? Un mousse qui perd pied au sommet du mât de misaine ! Vite, monsieur Louis, garez-vous ! il dégringole, le pauvre petit !...»

Tout en parlant, le bon *Père*, au risque de voir l’enfant lui tomber sur la tête, amoncelait précipitamment des sacs vides, afin d’amortir le choc du mousse désemparé. Ce fut heureux pour l’enfant qui pouvait se tuer du coup.

« As-tu du mal, mon pauvre *Ouisti* ? dit l’abbé, en relevant doucement le mousse qu’il prit dans ses bras...

— Je ne crois pas ; dit *Ouisti* ne sachant où il en était...»

L’aumônier tira un gros flacon de sa poche et lui fit avaler un cordial.

Après avoir bu, l’enfant, qui n’avait point de mal, se prit à rire, en montrant ses dents blanches, puis agile et souple comme un chat, il sauta à terre, en s’écriant : « Le requin ! le gros requin ! si j'étais tombé à la mer, il m'aurait déjà mangé !!!... »

A ce cri les passagers assis près du banc de quart se relèvent épouvantés. Mais un matelot les rassura.

« C'est le requin qui a dévoré les restes de Tigora ! Ce brigand de monstre est friand de la chair des animaux. Il nous suit, tantôt de loin, tantôt de près, pour se procurer un autre festin de Balthasar ! Ne vous en effrayez pas... C'est lui qui a peur de l'*Astrolabe* : du bord nous n'avons rien à craindre.

— Avis aux insurgés ; dit tout bas mon cousin à l'abbé...

— Hélas ! répondit celui-ci de même, aucun capitaine de navire ne saurait tolérer la révolte! Pour le salut de l'équipage, il est en droit de se montrer sévère ! Il ne faut parfois qu'une mauvaise tête pour mettre en péril de mort un vaisseau de *quatre-vingt-dix* !... Mais en appliquant le code draconien, le chef n'agit pas par passion... Il suffit parfois de faire faire un plongeon aux mutins pour les réduire... Il y a de ces endiablés qui placés entre un acte de soumission et ce gros requin, crieraient ; *grâce !*

Alors, au premier signe de détresse, le chef ordonne de jeter le harpeau. L'insurgé repentant s'en saisit, et aborde au plus vite...

— Merci de l'explication, cher abbé... Quand je pense que sur tout autre vaisseau que

l'*Astrolabe*, pareil sort pouvait être le mien !
Avec ça, je crains les bains de mer ailleurs
qu'à Concarneau. »

II

Il faut noter ici, parce qu'ils sont à leur place, les fragments du journal de bord de mon cousin.

31 octobre 1837. — « Nous avons tourné Gibraltar, et passé de la Méditerranée à l'Océan Atlantique par un temps admirable. La brise est toujours favorable à notre marche : seulement elle est plus fraîche. Je n'ai plus le loisir de suivre en rêvant, le sillage des navires ; mais je puis encore admirer « mon oncle » du coin de l'œil, quand il apparaît sur le pont, passer la *revue* de l'équipage... Quelle attitude que la

sienne! Dumont-d'Urville, sur son vaisseau, ne ressemble pas plus à l'*autre*, celui de Paris ou de Bretagne, qu'une chenille au papillon !

A Paris, « mon oncle » avait l'air d'un simple mortel : ici qu'elle différence. On croirait voir l'Hercule des mers, il plane, il rayonne, il commande avec une incomparable autorité... L'éclair du génie brille dans son regard ; son œil, vert et gris, comme l'onde, galvanise tout l'équipage. Il semble se jouer des flots et des abîmes... Il est obéi avec entraînement, avec joie, surtout avec exactitude. Enfin, sa démarche, sa parole, sa physionomie, tout est transformé; je crois qu'ici le Commandant est lui-même ; ailleurs il est gêné. La mer est son élément « sa *vieille amie* » disait-il, hier... Attention ! Le voici : il vient inspecter la tenue des matelots, et réprimer le plus léger désordre...

« Matelot X., tes souliers n'ont pas de cordons, que signifie cela ?

« Pourquoi cet hélioscope traîne-t-il sur le *banc de quart* ?

« Voilà un haubans mal fixé à son mât...

« Major L., le petit mousse qui a chuté est-il guéri ?

— Tout à fait, Commandant, le *Père-Jean*, au risque d'être blessé, lui a amorti le coup...

— Je le reconnais bien là, ce digne homme ! Il est près des malades ?

— Oui, Commandant : c'est son assiduité à

l'infirmerie qui me permet de donner plus de temps à M. Louis...

— Ah ! tant mieux... Voilà la bise *jaune* qui prend ; il va falloir forcer le coup de cingle (1) et se préparer aux vents contraires.

---

(1) Forme d'argot marin. Chaque marin a les siens.

III

2 novembre. — « Je veux consigner ici la grande et profonde impression que je dois au spectacle continu de l'Océan. Quand je l'admirais de loin, je ne pouvais concevoir la différence qu'il y a à regarder ses flots du rivage, ou à se voir perdu dans l'immensité, au milieu des grandes eaux, en pleine mer, depuis des mois, et sans autre horizon que le ciel et l'abîme...

Il y a des moments d'indicible terreur, de visions grandioses, il y a des révélations de l'Infini que je n'avais pas en Bretagne. Elles me font tressaillir mystérieusement, et me portent, muet, subjugué, recueilli, vers les espérances éternelles !!! je me sens étrangement modifié en dedans, depuis que nous flottons...

Ce plancher liquide sur le gouffre béant, théâtre formidable de naufrages et d'engloutissements terribles, me suggère des pensées de plus en plus graves. Il me semble que je ne reverrai jamais mon père! Cette idée m'empoigne; et je souffre !

Ici, capitaine, pilote, équipage, tous livrent un incessant combat aux plus redoutables forces de la nature...

Quel mystère que la vocation du marin ! je l'admire sans la comprendre, et surtout sans l'aimer !... Jamais le goût de la mer ne me viendra, j'en puis jurer!!! Mais la haute épreuve que je subis, imprime au plus profond de mon être de salutaires pensées, des sentiments inconnus, et des aspirations généreuses que naguère je ne connaissais pas !!!

Oui, ma situation présente modifie mes idées en attendant qu'elle modifie mes goûts, si faire se peut !!!

Déjà je ne ressens plus autant de mollesse dans la volonté ; je n'ai plus guère ce capricieux besoin de *bayer aux corneilles*, ou de faire des riens !!! je sens enfin que la vie ne doit pas s'écouler misérablement à barbouiller du vélin, à dessiner, sans utilité pour personne !!!

Ici, près du péril latent, exposé aux cataclysmes dont l'habileté surprenante non moins que la science de Dumont-d'Urville nous délivrent avant d'avoir heurté l'écueil, je vois des mys-

tères redoutables s'accumuler !!! Que de difficultés en cette vie sociale concentrée sur un
vaisseau que les flots et les vents soulèvent tour
à tour !!! Tout un monde se remue sur le plancher mouvant de l'*Astrolabe* !... Que de drames
en germe, cachés peut-être en chaque individu
présent à notre bord...

Mystère ! l'harmonie et la paix qu'impose la
discipline, en mer... Mystère ! le jeu des passions sous le joug de l'obéissance absolue....
Mystère ! les grands revirements de l'âme qui
peuvent, comme je le sens en moi, changer en
un instant les mouvements du cœur...

Ici la raison commande au caprice ; et le vagabondage de mon esprit fait place à la réflexion.
A peine si je me retrouve moi-même !... Le
Commandant fait sur moi un essai vraiment
prodigieux dans ses premiers résultats ; je *pense*, je *veux*, mon intelligence s'élève par le travail, et mon cœur devient capable du dévoûment
sincère à la cause commune !... Quelle transformation ! Si mon père voyait *son âne* de fils ! s'il
savait que je déplore le temps que j'ai perdu !

IV

10 Novembre. — « Mais voici du nouveau.

Voici la rencontre des navires signalés par le pilote... Hier, nous avons croisé l'*Alouette* ; pendant une grande heure, échange de dépêches, de renseignements ; pourparlers entre les trois Commandants des navires ; fraternisation bien fugitive des équipages.

Qu'ils sont heureux de rentrer en France, les passagers de l'*Alouette* ! Ah ! si j'avais su et si j'avais pu ! Mais non, je suis un coupable qui porte le poids de ses fautes ; et encore faut-il que je me sente plus que résigné. Il faut que je sois relativement satisfait d'être puni, surtout en songeant que je répare ici le temps perdu ; ce qu'à terre je n'aurais jamais fait !

Non, c'était écrit ! Je devais suivre Dumont-d'Urville au bout du monde ! Courage donc, et vivons d'espérance, comme dit mon cher abbé qui a toujours raison, d'après le Commandant ! Oui, courage ! déjà l'*Agathe* est en *vedette* elle avance rapidement vers nous. Je vais porter à « mon oncle » ma lettre pour mon père, avant que ses dépêches officielles ne soient scellées ; car tout notre courrier de bord doit être réuni à huit heures, il en était sept.

Avec la lunette excellente que m'a laissée le chirurgien *de seconde*, je vois encore un peu l'*Alouette* qui file vers les côtes de France, tandis que l'*Astrolabe* s'éloigne à grandes bordées. Heureux navire... Mais au fait, si l'*Alouette* est joyeuse de revoir les rives de France, c'est qu'elle a fourni sa campagne, tandis que nous commençons la nôtre... seulement, elle sera longue, j'en ai peur... Mon père aura cette lettre dans quelques semaines ; et moi, quand recevrai-je de ses nouvelles ?... Allons, Louis, travaillons au lieu de songer... »

Mais, il restait là, perdu dans ses regrets ; les coudes sur sa table à écrire, et le front penché sur sa main, s'oubliant à d'inutiles rêveries, le cœur gros, et les yeux humides, quand par bonheur, le père Janick vint le trouver...

Témoin de ses premières doléances au croisage de l'*Alouette*, l'abbé, sitôt que l'*Agathe* eut passé — plus rapide que l'oiseau — sous le

vent de poupe, accourut vers son jeune ami
pour le distraire et le remonter.

Il prit mon cousin par les épaules, le secoua
doucement pour le réveiller de son engourdisse-
ment, le regarda dans le blanc des yeux... puis
il dit : « Qu'avez-vous donc, mon cher ami ?
Peu s'en faut que vous ne pleuriez comme un
enfant, parce que nous avons croisé deux navires
français... Que signifie cette noire tristesse
quand il y a réjouissance à bord ?...

— Eh ! vous savez bien que je ne suis pas ici
pour mon plaisir, mon bon père Jan... et alors...
je rumine.

— C'est ce qui me fâche ;... secouez cette tor-
peur, il le faut ! Quand un lutteur est entré dans
l'arène, s'il regarde en arrière, il est perdu !
D'ailleurs ce serait de la lâcheté, et certes, vous
n'êtes pas un lâche !...

— Non, oh ! non ; mais je ne puis me fuir
moi-même... Et quand je regarde cet uniforme,
puis-je m'y faire ? impossible, voyez-vous.

— Ah ! l'uniforme ! ce malheureux uniforme!
vous lui en voudrez dont toujours ? Pourtant il
vous est bien utile, convenez-en.

— Je ne dis pas non, mais je ne m'y habitue
pas !

— Comment ! soutenu, encouragé, aimé de
tous, trouvant sur l'*Astrolabe*, près de Dumont-
d'Urville, tout ce qu'il faut pour vous créer un
avenir ; j'entends une bonne place dans la so-

ciété ; vous vous laissez aller à de vains regrets !
Mon cher Louis, cela n'est pas raisonnable...
hier encore, M. Charles, le chirurgien de *seconde* m'a dit qu'il ne laissait échapper aucune
occasion de vous soustraire aux corvées de votre emploi, à cause de vos études... Aussi, ce
pauvre uniforme, dont vous vous plaignez tant,
devrait vous être léger... grâce à lui tout le monde vous aide...

— Grâce au commandant, vous voulez dire...
En passant près de moi, hier, il a proféré sen-
tencieusement ces mots : *Heureux l'homme qui
travaille : il porte en lui un trésor imprena-
ble.* »

Il est certain que, sans l'uniforme, qui me
gêne aux entournures, je prendrais mon sort en
gré... et puis votre amitié me touche, père Janick.

— Allons ! voilà que le courage vous revient ;
venez avec moi voir filer l'*Agathe*... Le vent est
devenu tiède : le pilote s'en étonne, et le commandant s'en inquiète, m'a-t-il dit. En attendant, il faut en profiter.

Le major L. venait d'annoncer qu'une épidémie était à craindre, et que plusieurs cas de choléra, survenus la veille, donnaient un signe
avant-coureur des plus graves.

— Messieurs, vous savez, ça chauffe à l'offi-
cine du major !... dit le *second* de l'*Astrolabe*,
qui venait prévenir le père Janick.

Aussitôt, celui-ci quitta mon cousin, pour se rendre à l'infirmerie avec cet officier supérieur qui ne lui dissimula pas l'inquiétude fondée du Commandant, et la gravité de la crise épidémique.

Ici je laisse la parole à Louis dont je consulte les notes et souvenirs...

« Au nom de Dieu ! prenez vos précautions, M. Louis, me dit le chirurgien de *seconde* à qui je restituai sa longue-vue. Nous avons six malades atteints subitement depuis trois heures ! Ne soyez pas le septième... Je ne voudrais pas vous avoir à l'infirmerie... Je crains la peste ! et nous sommes attaqués à l'improviste par le fléau... Avant que le major L. soit en mesure de parer contre l'invisible ennemi il y aura des victimes, j'en ai peur !... Au revoir, et que le ciel vous préserve, mon cher élève... »

J'allai rejoindre quelques matelots bretons ; il en manquait un... Où pouvait-il être ? Près du Père Jean, à l'infirmerie, bien sûr ?

J'y cours ; le matelot y était. Je le vois portant un bol de tisane chaude à un malade. Je veux le lui prendre des mains.

« Pornic, tu usurpes mon droit et mes fonctions ; c'est à moi d'aller près des malades, lui dis-je, en même temps...

— Vous ne savez pas où c'est, monsieur l'aide, suivez-moi, seulement. »

Et je suivis Pornic, sans mot dire.

L'aumônier vint à moi : « Courage, et confiance en Dieu, mes pauvres amis ; si cette fatale
brise de sud-est, nous apporte la contagion, eh !
bien, redoublons de vigilance et d'activité dans
le soin de nos malades ; le ciel nous aidera !...»

Chose étrange ! je sentis alors s'évanouir en
moi toutes les répugnances anti-médicales, et
je le dis à l'abbé.

« Tant mieux ! et je m'en réjouis pour vous,
la peur étant pire que le mal... d'ailleurs la victoire appartient aux vaillants. M. Louis, venez-
vous travailler ici ?

— Certainement. L'infirmerie est le champ de
bataille des *aides*. Ce n'est plus l'heure de répéter :

« Je suis peintre, vous dis-je, et ne suis que cela ! »

Oh ! non : mon poste est ici, entre ces messieurs, les malades et vous. Je n'attendrai pas
qu'on me relance... Je m'offre, employez-moi.
Que faut-il faire ?...

— Je n'ai pas d'ordre à donner ici. Allez trouver votre chef de file, le grand major ; mon
cher ami, allez, allez !

J'y courus ; il était aux prises avec l'horrible
fléau, et préparait d'énergiques mixtures. Il
m'apprit la désolante nouvelle, Monsieur Goupil était atteint !... On craignait qu'il succombât
dans la nuit... J'aurais voulu courir à lui, mais
on m'arrêta, en me disant qu'il était soigné

chez lui ; qu'un *aide* déjà affecté à son service particulier ne le quittait pas ; défense à moi d'y aller voir !...

Triste, le cœur navré, j'entrai en fonction active, dans l'infirmerie. Avant le soir les hommes tombaient comme des mouches !... Les brancards allaient et venaient entre les lits encore vacants... Pendant la nuit ils furent presque tous occupés... Les infirmiers ne suffisaient plus à la besogne. Cinq cas foudroyants se produisirent sous mes yeux !...

Mais à mesure que grandissait autour de moi le danger, je sentais mon courage grandir aussi. Décidément, il n'y a qu'à mettre la main à l'œuvre pour se connaître soi-même. J'aspirai sans crainte l'air méphytique.

« Vous voilà ! c'est bien ! aide Lebreton, me dit monsieur le second qui ne m'avait pas encore aperçu, et qui vint me serrer la main, près du lit d'un matelot qui agonisait... hélas ! dit-il, nous sommes rudement éprouvés !... »

« Venez par ici, M. Lebreton, il y a de la besogne pour nous deux, me cria M. Charles, le chirurgien de *Seconde* qui réclamait un aide.. Vous arrivez à propos ! entre de pauvres matelots qui râlent. »

J'obéis en silence : l'infirmerie se comblait, il était à craindre que les bras valides manquassent !... Si vaste que fût la salle, très aérée, l'atmosphère était déjà empestée...

Le Commandant, sur pied toute la nuit, était
déjà venu trois fois à l'infirmerie ; il se multipliait et se dépensait sans compter...

Je le vis de loin faire un signe approbatif
quand le major ordonna sur le matin, de laisser
les malades récemment atteints dans leurs
cabines. Cette mesure rendait les soins de
beaucoup plus pénibles aux infirmiers. « Mais,
dit d'Urville, nous ne manquerons pas d'hommes de bonne volonté !... »

En passant près des lits où je me tenais, le
Commandant, qui disait à tous les malades une
bonne parole et offrait les secours en son pouvoir, me serra la main en la secouant avec une
énergie satisfaite... Puis, d'un regard navré et
humide, il embrassa le funèbre coup d'œil de
l'infirmerie et vint ensuite parler bas à l'abbé
Janick en lui pressant les mains !...

«Quelle épouvantable scène de deuil ! Quinze
morts en une nuit ! autant d'agonisants ; en
tout plus de soixante personnes atteintes !...
C'est affreux à voir, ces débats de l'homme aux
prises avec la mort. Mieux vaudrait périr dans
la tourmente qu'ici !... N'y pensons pas, mais
agissons sans cesse...

Ce serait intolérable et par trop empoignant,
si je ne voyais, comme un ange consolateur,
l'abbé Janick, prodiguer son divin ministère à
tous, car tous le connaissent, l'aiment et l'appellent !...

Il les embrasse, ces moribonds, les bénit, les absout, leur montre le ciel en leur disant : C'est là haut qu'est la vie !... la vie éternelle où l'on ne souffre plus jamais, où la lutte est finie, l'accomplissement du devoir récompensé ! où le bonheur infini succède, inaltérable, *inamissible*, à cette pauvre vie de la terre, qui n'est que peine, travail et douleur !...»

Aussi de douces morts succèdent aux cris d'angoisse, aux agonies poignantes...

Un ingénieux ventilateur imaginé par Dumont-d'Urville vient d'être établi au centre de l'infirmerie. Ce n'était pas sans besoin ! Je me sentais la tête lourde, j'étais asphyxié ! Bénie soit l'inspiration du Commandant et sa mesure sanitaire ! Nous allons pouvoir respirer un air moins chargé d'exhalaisons morbides... nous échapperons peut-être au fléau !...

Je pensais cela parce que peu d'instants avant l'introduction du ventilateur dans l'immense hall, je me sentais comme saisi par un mal étrange et le vertige me prenait !... Mais voici que l'air renouvelé à temps me rend la vie...

Profitons-en pour travailler de plus belle, armé d'un tablier de pharmacie, une serviette au bras, des potions à chaque main.

Tandis que le père Janick se penche sur chaque lit pour entendre la confession suprême, le Commandant revient, il examine le fonctionnement de son ventilateur ?...

« Au moins, dit-il — avec un soupir entendu de loin, — au moins, personne ne meurt sans secours spirituels et corporels. Ici le dévouement fraternel est infatigable !

Merci, père, merci, messieurs, mes paroles sont insuffisantes à vous reconnaître comme je le voudrais. »

Des larmes plein les yeux, Dumont-d'Urville s'activait plus que nous tous... Tous les matelots l'ont vu ; à tous, il a serré la main et promis les « secours de famille. »

A son exemple, les officiers de marine passaient près des mourants : « Que désirez-vous, que puis-je pour vous soulager ? — Demandez-moi tout ce qui est en mon pouvoir, je le ferai, leur disait Dumont-d'Urville. »

Le lendemain, à midi, nous étions sur les dents.

La fatigue, la soif, en dépit des cordiaux que nous faisait prendre le major L., oui, la soif nous semblait insatiable.

Mais, pour penser au repos, il fallait une accalmie, elle s'accentua vers le soir seulement. Je ne sais trop ce que j'ai absorbé de café noir, de bouillon de cacao, de liqueurs toniques délayées dans l'eau chaude, pendant trente-deux heures ?

Quant à manger, impossible ; non seulement l'estomac s'y refusait, mais qui aurait senti l'appétit en présence de nos mourants ?...

La soif s'impose, mais non la faim.

Tous ceux des malades qui ont pu boire à temps l'énergique mixture composée par le major L., ont résisté à l'épidémie et bravé les ravages de l'affreuse contagion.

Mais, hélas ! à côté des saúvés, (ils étaient plus de trente), nous comptions trente-et-un décès !.. Quelle décimation, quel ravage déchirant ! quelle perte pour l'escadre !... et en un seul jour !...

Quel désastre ! quel deuil pour les deux navires ! car la Zélée était frappée pour un tiers...

L'aumônier a accompli des prodiges de charité. Son héroïque dévouement a fait resplendir l'espérance divine sur les victimes que nous arrache le fléau ?...

« Que Dieu soit loué et mille fois béni !... Il vous a préservé, mon cher enfant ! disait ce bon père Janick, quand nous sortimes ensemble des limbes de l'infirmerie !...

Notre bon, notre regretté Goupil est mort hier à minuit !... Avec quelle foi touchante il s'est confié à moi !...

Pendant six heures, il a cruellement souffert mais sa résignation était admirable ; je ne l'oublierai jamais !...

— Oh ! ni moi non plus ; il mérite tous mes regrets ! »

En disant ces mots, j'exprimais ma pensée ; mais j'avoue que j'étais tellement remué par

toùt ce que je venais de voir et de ressentir, que
je ne m'arrêtai pas alors à déplorer la perte de
M. Goupil, bien qu'elle me touchât de près, à
cause de ses bontés pour moi... j'étais tout aux
malades qu'on espérait sauver ?

— Le Major a eu une heureuse idée de fermer
l'infirmerie aux malades de la troisième journée. Soignés en cabine, ceux-là en réchappe-
ront presque tous, m'a dit monsieur le « *Second.* »

Le sirop antiscorbutique, joint à l'élixir nouvellement composé par le major L. a fait merveille sur eux ; mais la chance de ne pas voir
tant de mourants autour de soi, et surtout de
ne pas respirer l'air nauséabond d'une salle
d'hôpital, c'est encore le meilleur pour guérir !...

—Cependant M. Goupil était soigné chez lui,
et rien n'a pu le sauver ! Il est vrai que sa santé
était profondément altérée, et qu'il avait moins
de force de résistance que les autres. »

Inquiet pour tout son monde, Dumont-d'Urville avait ordonné d'atterrir. Nous étions en
vue des Açores : on se prépara donc au mouillage...

Mais voici que le vent meurtrier cesse et avec
lui, les étourdissements, l'effroi, les nouvelles
et foudroyantes attaques du fléau.

Comme la foudre pendant l'orage, le souffle

de la mort avait passé sur nos têtes. Une brise
fraîche venant du *Nord-Ouest*, nous apporta
l'air salubre de la haute mer, en même temps
que nous sentions se ranimer nos forces.

Déjà le sentiment du péril faisant place à
la confiance, le mouillage n'eut pas lieu ; car,
dit d'Urville, ce n'est pas une trêve : c'est la fin,
grâce à Dieu !...

Le corps médical déclara qu'il s'était rendu
maître du fléau, qui d'ailleurs ne sévissait plus.
Tous les malades qui avaient résisté à son effroyable attaque de l'avant-veille, étaient en
voie de guérison...

« Ceux-là seront au moins sauvés ! » disait
avec un accent de compassion profonde, l'abbé
Janick, qui récapitulait, en essuyant ses yeux,
le nombre si lourd de nos douloureuses pertes.

Il ne nous restait plus qu'à rendre les derniers
honneurs ; à procéder après, à l'ensevelissement sommaire des victimes de la contagion,
selon les usages des marins en campagne.
Cette fois, à cause de la quantité des décès une
sorte de terreur poignante s'ajoutait à la grandeur funèbre de la cérémonie.

Sur tous les corps amoncelés sous le même
catafalque, l'aumônier dit l'office des morts.
Dans la majesté de son ministère, l'abbé Janick
dont la taille est peu élevée, me sembla grandir
de plusieurs coudées ; et lorsqu'il prononça les

dernières prières, tout l'équipage répondit par
un sanglot...

« Ah ! si le ministère du prêtre catholique
est, dans ses fonctions sacerdotales, d'une sublime beauté, combien plus en un tel moment !
et sur le grand pont d'un vaisseau !... J'en fus
saisi... et j'aurais voulu le peindre...

« Partez, âmes chrétiennes, purifiées par la
« douleur et la mort ; remontez, confiantes et
« libres à jamais, vers notre Créateur et notre
« Père ! Vers le Dieu puissant et bon, qui vous
« a créées pour lui, et qui va vous recevoir dans
« son amour ; allez à la bienheureuse et éter-
« nelle vie, dont celle que vous quittez n'est
« qu'une fragile image, ou plutôt la préface
« mystérieuse... »

Tel fut à peu près le sens des paroles émues
que son cœur et sa Foi dictèrent à l'abbé Janick...

Pendant qu'il disait le *De Profundis*, auquel
des deux navires les « *repons* » firent un solen-
nel et formidable écho, un grand frisson me
gagna, et je quittai la place. D'en bas j'entendis
la canonnade prolongée, puis un long silence.

CHAPITRE VI

CHANGEMENT A VUE

Continuons à citer le journal de voyage de mon cousin :

8 novembre. — « Sous le coup de mille émotions, en proie à une fatigue comme jamais encore je n'en avais ressentie, je me jetai sur ma couche en entrant dans ma cabine ; j'étais brisé, et j'eus voulu dormir...

Lorsque, tout à coup, je fus tiré de mes sombres pensées par le bruit retentissant et grave d'une musique militaire, succédant aux trente et un coups « *du canon des morts*, » puis au lugubre silence qui les avait suivis...

Le commandant avait jugé utile d'opérer une prompte diversion à la morne tristesse qui s'é-

tait emparée de l'équipage, à la suite de l'appel
nominal de ceux qui n'étaient plus ici-bas qu'un
souvenir, une ombre, un regret!...

Je n'avais pu me résoudre à rester spectateur
impassible des sommaires obsèques maritimes.

Mais quand j'entendis cette marche guerrière
au rhytme large, sévère, bien soutenu, j'en
éprouvai soudain un soulagement sensible; ce
fut comme si l'on m'ôtait du cœur un poids très
lourd ; et je me sentis dilaté...

Au lieu de rester blotti sous mes couvertures
où une morne rêverie m'eût bientôt saisi, je me
relevai, en constatant que la musique est un
puissant dérivatif; et je pris un vêtement plus
chaud pour tenir tête au frisson qui avait déter-
miné ma fugue...

J'en étais là, refaisant ma toilette, quand le
Père-Jean, inquiet de ma disparition, (à l'instant où allait commencer l'ensevelissement marin), ouvrit ma porte en m'interpellant avec sa
bonne sollicitude :

« Eh! qu'avez-vous donc, Louis? et pourquoi disparaître ainsi? Vous m'avez fait peur,
tant vous étiez pâle, mon cher enfant!

— Peur! m'écriai-je, et à quel propos?

— Mais à propos de l'épidémie! je vous ai vu
pâle et tremblant!

— Je ne suis pas malade, Dieu merci, mon
bien bon abbé! et, comme vous voyez, je me
disposais à remonter, avec mon caban sur le

dos, pour mieux braver la bise. C'est fait; votre bras, et partons; cette musique me fait du bien.

— N'est-ce pas? C'est ce que disent entre eux les matelots attristés.

Mais le capitaine Jacquinot qui vient de descendre chez le Commandant m'a dit en passant que les deux équipages avaient encore besoin d'un réconfortant plus substantiel que la musique, et d'Urville est du même avis. »

En effet une double ration de vin, de café, de rhum, fut distribuée aux matelots de l'*Astrolabe* et de la *Zélée*, quand nos musiciens eurent terminé leur symphonie militaire. La glace était rompue, et l'équipage des deux navires avait repris son animation habituelle.

Tandis que je faisais remarquer au *Père-Jean* combien l'aspect du grand pont avait changé de physionomie depuis une heure (car le café et le bon vin égayaient même les mousses) nous vîmes accourir vers nous l'estafette de Dumont-d'Urville, c'est-à-dire le petit Zaroff, dont la mine éveillée semblait à mes yeux un présage de bon augure.

« Pourquoi te dépêches-tu tant que ça, mon gentil mousse? lui dit l'aumônier prenant sa main pour l'arrêter au passage.....

— *Père-Jean* ne me retenez pas, j'ai un ordre du Commandant à exécuter; il invite le corps médical à son lunch; et déjà le chef prépare le

thé, car c'est tout de suite. Il faut que je coure
après ces officiers; le Commandant n'aime pas
à attendre, vous le savez bien.

Mais vous êtes invités avec M. Lebreton; et
vous lui ferez plaisir, si vous descendez immédiatement chez lui...

Il est déjà dans son grand salon, où il fait les
cinq cents pas..... Allez-y, messieurs, pendant
que je cherche les autres.

— Venez-vous, Louis? me dit l'abbé en se levant aussitôt.

— Certainement; je ne demande pas mieux
que d'arriver des premiers.

Nous nous dirigeâmes du côté des avant-
postes, vers l'appartement de Dumont-d'Urville.
Il n'était pas seul; le capitaine de la *Zelée* et *son
second* causaient avec lui. Déjà les préparatifs
de gala s'accentuaient; l'immense table, ordi-
nairement chargée de cartes, qui tenait le milieu
du grand salon, n'avait plus, sur son tapis rouge
qu'un service à thé des plus complet, escorté de
flacons à liqueurs, et de plateaux chargés de
conserves, de fruits et de gâteaux secs.

En nous voyant, il s'avança vers nous, tendant une main à l'abbé et l'autre à moi.

Son air avait toute la gravité que comportait
la circonstance.

L'Expédition était en deuil! néanmoins,
dans l'attitude de Dumont-Durville, je pressen-
tis une satisfaction intime, une joie contenue

qui me fit aussitôt éprouver un sentiment de bien-être et d'assurance. — C'était fort à propos en présence d'une réunion d'élus et d'élite, où je me sentais fier d'être admis, quoique intrus... je pensais même indigne !

Pendant les réciproques salutations et autres politesses d'usage, tous les invités arrivèrent ; et quand nous fûmes en nombre, le Commandant nous fit approcher de la longue table que Zaroff avait entourée de sièges fort commodes.

Sans avoir cherché ma place, je me trouvais assis entre mes deux amis, le *Père-Jean* et le chirurgien de *seconde*, ce qui ne me causa pas un médiocre plaisir, car les autres officiers m'étaient plus ou moins étrangers...

« Nous avons tous besoin d'une détente, Messieurs, dit alors Dumont-d'Urville, c'est d'abord à cette intention que j'ai désiré vous avoir près de moi pour collationner ensemble. C'est le premier repos d'esprit et de corps après nos heures terribles et néfastes, si longues et si exténuantes pour vous tous, Messieurs, qui avez si généreusement payé de vos personnes... Nous pouvons bien nous accorder cela...

Si nous sommes en communion de deuils et de grandes responsabilités, jamais aussi le dévouement ne fut plus unanime, plus complet, j'ai besoin de le dire et de vous répéter encore combien j'en suis profondément touché !!!

J'aurais voulu que l'état-major entier fût ici,

avec nous, ce matin, pour prendre le thé. Tous
nos savants se trouvaient déjà réunis pour déjeuner chez M. Lesson, quand je les ai fait
prier... Mais si nous sommes séparés par quelques cloisons et plusieurs toises de distance,
nos cœurs sont unis, car le but des deux assem-
blées est le même.

— Oui, sans doute, Commandant! répondî-
mes-nous en chœur. »

Le chef, au moment même, apportait une
énorme théière et l'arôme agréable du thé bouil-
lant se répandait partout.

« Allons, Messieurs et chers amis, ré-
chauffons-nous ; buvons à la santé de l'Expédition, dit d'Urville avec entrain. »

On ne se le fit pas dire deux fois. Le chef ser-
vait à la ronde, versant thé, vins d'Espagne, et
liqueur des îles au goût de chacun, tandis que
Zaroff faisait circuler plateaux et corbeilles,
sandwichs, fruits et gâteaux.

Après l'abondante réfection, surtout après que
les vins d'Espagne eurent coulé à plusieurs reprises, une pointe de gaieté reparut sur tous les
visages, y compris celui de l'amphitryon. Je vis
alors, avec une singulière émotion, le regard de
Dumont-d'Urville se porter sur moi, d'abord
avec une attention très bienveillante, puis une
expression narquoise qui se mélangeait de façon à me troubler un peu...

Je ne lui avais jamais vu cet air-là depuis

qu'il m'a pris à son bord... Mais il l'avait en
Bretagne, chez mon père, pendant le fameux entretien qui se termina par ma burlesque nomination.

En tous cas, si le Commandant me tient une
nouvelle surprise en réserve, elle ne sera pas
de même nature que la première, c'est certain...

Et, en pensant cela, le temps me durait qu'il
s'expliquât, car l'épanouissement, si rare, de
son sourire ne pouvait me faire, redouter l'explication, même en public, j'en avais le pressen-
timent...

Mais il ne se pressait pas. Tout en regardant
du coin de l'œil, il causait avec ses deux voisins, le capitaine de la *Zélée*, M. Jacquinot, et
le major L. ; il paraît que ces messieurs avaient
beaucoup à dire, car ils n'en finissaient pas, et
je perdais contenance sous la fixité du regard de
mon oncle... L'abbé s'en aperçut et me plai-
santa, en me disant de profiter de l'occasion
pour demander un uniforme moins gênant et
mieux adapté à ma grande et forte taille...

« Je demanderais plutôt des nouvelles de
mon père, lui répondis-je, avec une certaine vivacité, et de façon à ce que le commandant
m'entendît... »

Il me regarda alors en face, et ses voisins ces-
sèrent de parler aussitôt, car je m'étais levé
de table, ce qui ramena le mouvement de mon
côté.

« Louis, j'ai quelque chose à te dire, et je désire que ces messieurs l'entendent, articula le Commandant, dont le geste impératif me cloua à ma place, debout, l'oreille au guet, sans qu'il me vînt à l'esprit de me rasseoir.

Mon cœur battait bien fort, au milieu de l'aréopage ainsi constitué par Dumont-d'Urville.

Sans doute, il s'en aperçut, puisqu'il me laissa le temps de me remettre, en s'adressant à ces messieurs :

« Nous avons tous été témoins de la spontanéité avec laquelle *l'aide* Lebreton, que voici, a prodigué ses soins aux malades pendant la crise, et il n'y eut qu'une voix pour louer sa conduite. Il ne s'est pas démenti un instant ; et quoique nouveau venu dans ma famille maritime, il a payé sa dette à la Communauté comme pas un de nous... (ici, tous s'inclinèrent approbativement).

« Donc, Louis, continua mon oncle en se tournant vers moi, je suis content, très content, et ce que je viens de dire sera ; mis à l'ordre du jour que j'enverrai à ton père par le premier paquebot.....

« De plus, comme tu as fait honneur, — au péril de ta vie, — à ton glorieux uniforme, et que tu as eu cette rare chance de remplir ton périlleux emploi à la satisfaction générale, tu mérites de l'avancement, et tu en auras. »

Ici, des *bravos* éclatèrent et d'Urville sourit, plus narquoisement que jamais ; ce fut un éclair, il reprit avec gravité :

« Oui, tu mérites de l'avancement, c'est l'opinion générale, et je ne commettrai pas l'injustice de le méconnaître... (au lieu de battre, je sentis que mon cœur, à ces paroles trop flatteuses, me causait une souffrance inexprimable, et que le frisson me ressaisissait...)

— Appuyez-vous à moi pour ne pas tomber ! murmura faiblement la voix du *Père-Jean.....* presque aussi ému que je l'étais...

— A présent que tu viens d'honorer si dignement l'habit que tu portes, il serait pénible de quitter l'uniforme, d'autant plus que tes chefs se sont affectionnés à toi, dit d'Urville en me fixant... » Je jetai alors au commandant un regard de détresse et d'angoisse dont il eut probablement pitié...

L'imperceptible raillerie que trahissait sa mobile physionomie s'effaça aussitôt : et il acheva sa délaration d'une voix tout à fait changée :

« Mais comme je voudrais autant que possible, réparer les pertes que vient d'essuyer l'Expédition : remplir le vide qui s'est fait dans les cadres ; donner à chacun des titulaires nouveaux, l'emploi le plus utile à l'intérêt général ; principalement pour ce dernier motif que dicte mon devoir, messieurs, je me vois contraint de vous enlever ce jeune collègue qui a si bien fait ses preuves au milieu de vous tous, sur le champ de bataille de l'Infirmerie!... (sensation d'étonnement).

Mais si je vous l'enlève, messieurs, c'est qu'il nous sera encore plus utile à un autre emploi... C'est que, — puisqu'il faut en venir là pour cas de force majeure, — c'est que nous n'avons que lui pour remplacer convenablement M. Goupil, comme *peintre en chef de l'Expédition au Pôle-Sud.*

« M. Goupil lui-même dans une triste clairvoyance, me l'a désigné pour son successeur, il y a plusieurs semaines ! »

Mon oncle s'arrêta...

Et je sentis mon cœur se gonfler d'une joie inespérée, folle !

« Ainsi, mon cher Lebreton, c'est à la recommandation même de notre bien regretté Goupil, reprit-il, que tu vas, d'office, le remplacer dès aujourd'hui jusqu'à la fin de la campagne...

Plaise à Dieu de nous ramener tous ensemble, sains et saufs à notre point de départ, après avoir atteint toutefois le but final de l'Expédition! »

Le Commandant s'arrêta, en jetant un regard circulaire et investigateur autour de lui, comme pour recueillir les impressions diverses...

Mes yeux seuls le remercièrent...

Alors le chirurgien de *seconde,* mon éminent

professeur, comprit que Dumont-d'Urville attendait sa riposte.

Il se leva pour déclarer qu'il me regrettait beaucoup, comme *aide*-major, surtout après le beau fait d'armes mentionné déjà; mais que l'intérêt général passant avant le sien, il ne s'étonnait pas de me voir quitter l'uniforme de docteur pour reprendre mes pinceaux.

Là-dessus, il vint me donner l'accolade la plus cordiale; après lui l'abbé Janick m'étreignit dans ses bras avec une énergie bretonne tellement véhémente que je faillis étouffer...

Quant aux autres officiers de marine nous échangeâmes seulement d'aimables salutations.

Le Commandant, les bras croisés, et penché sur sa chaise regardait tout son monde d'un air satisfait...

Je ne savais comment le remercier en public, et j'aurais voulu me trouver seul avec lui... Mais au lieu de congédier l'assistance, il demanda d'autres verres et d'autres liqueurs, Zaroff se mit en devoir d'obéir.

Alors profitant du remue-ménage, pendant lequel tous s'étaient levés, j'allai baiser la main de *mon oncle*, en lui disant tout bas une parole qu'il entendit seul... puis il me prit dans ses bras, et m'étreignit en disant : Mon fils était de ton âge! si Dieu me l'eût laissé il serait avec nous!!!

Mais l'heure n'était point aux attendrissements intimes. Dès que Zaroff eût placé sur la table la grande cave à liqueurs, flanquée de cristaux merveilleux et d'une riche argenterie de campagne, le Commandant remplit les verres de curaçao de Hollande; puis élevant le sien à la hauteur du front; « Messieurs, buvons à la santé de tous les nôtres, absents ou présents, à commencer par le nouveau peintre en chef de l'Expédition! Alors, au choc des verres, mille cris s'entremêlèrent harmonieusement. Les santés : à Madame Dumont-d'Urville! Au Commandant! à Jules d'Urville! à Louis Lebreton! etc., etc., tour-à-tour...

Messieurs! dit le capitaine Jacquinot, je bois au plein succès de la campagne, et à la préservation présente et future de tous ceux qui la font!

Un formidable vivat répondit à ce toast, et peu après chacun retourna à son poste. La fête était finie, ma joie commençait!...

Sur un signe du Commandant, le *Père-Jean* et moi, restés les derniers, nous vîmes Zaroff nous barrer le passage...

J'étais content de me voir retenu, et je compris que *mon oncle*, avait encore à nous dire ce qu'il n'avait pas voulu faire savoir au corps médical...

Il était toujours en belle humeur, et fit une dernière plaisanterie sur mon uniforme, que j'allais quitter au bon moment de le porter en témoignage de mes succès..,

J'avais un tel désir d'en être délivré, que je priai en grâce le Commandant de m'autoriser à reprendre sur l'heure, mon habit naturel qui du moins était à ma mesure!

« Va donc! Monsieur le peintre, mais reviens de suite, avec Zaroff qui rapportera l'uniforme au vestiaire général.

Quelques minutes après je rentrai, dans le salon, vêtu en pékin.

« Ce n'est ni beau ni brillant, à coup sûr, dit mon oncle : cela ne produit pas l'effet de l'uniforme de chirurgien de marine, mais je suis obligé de convenir que tu es mieux ainsi.

Cependant, Louis, conviens aussi, toi, que le port de l'uniforme t'a été favorable?

Tant qu'a duré l'épidémie j'ai tremblé pour toi! Songe donc! j'en avais répondu à ton père!...

Heureusement ça a été court; car l'angoisse de mon âme était cruelle. Mais, encore une fois, maintenant que le fléau a disparu, je suis bien aise que tu aies fait tes preuves, que tu aies été brave au feu.

— Et moi aussi, Commandant. C'est l'occasion qui rend brave, voilà tout; et peut-être bien que l'uniforme m'y a aidé. C'est égal, je souffrais trop dans cette boîte, j'étais au supplice.

— Maintenant, Louis, je veux que tu saches combien notre regretté peintre en chef t'avait pris en amitié. Il savait tes répugnances pour la chirurgie, ce bon Goupil; et tes marines lui plaisaient, surtout les dernières. Il vint un soir me trouver et me dit : M. Lebreton ne fera jamais rien qui vaille avec la lancette; tandis que ses crayons ont du prix. Il y a en lui le germe d'un vrai talent; et si j'osais vous le demander pour aide? Commandant, il vous serait plus utile près de moi, pour l'avenir qu'à la chirurgie du bord...

Je suis bien aise que tu saches cet intime détail, car tu dois un beau cierge à M. Goupil qui te voulait tant de bien! S'il eût vécu il aurait fini par me persuader; tu serais devenu *son second;* tu aurais tout aussi bien quitté l'uniforme, ainsi sa perte est pour toi de tout point regrettable.

Tu es vraiment bien jeune pour le poste que je te confie. C'est un malheur que tu aies perdu un guide aussi bienveillant que notre cher peintre défunt. »

Tels furent les derniers mots que m'adressa le commandant, dans cette mémorable journée qui améliora considérablement mon sort.

J'étais profondément touché de ce qu'avait sollicité pour moi notre si bon M. Goupil, et nul égoïste pensée ne déflora son pieux souvenir.

— N'est-il pas vrai, cher ami, que vous regrettez sans arrière-vue d'ambition, le maître distingué qui n'est plus au milieu de nous? m'a dit le *Père-Jean.*

— Certes! lui ai-je répondu sans hésitation, il eut bien mieux valu pour moi que je fusse resté, pendant toute la durée de la campagne, le *second* de M. Goupil, dont les conseils m'é-taient si avantageux, plutôt que de devenir chef d'emploi à dix-neuf ans à peine!...

— C'est là précisément ce que je pensais Louis. »

CHAPITRE VII

ENTRE DEUX CRISES

22 Novembre. — « J'avais également compris qu'il ne fallait rien relâcher de mon assiduité aux études classiques pour répondre, comme je le devais, aux bontés infinies du Commandant.

Le stimulant que je perdais d'un côté — n'ayant plus à craindre désormais les corvées chirurgicales, — je le gagnais de l'autre, puisqu'il fallait faire honneur à ma situation nouvelle, à tous les points de vue, et que je jouissais d'une liberté plus étendue.

Le chirurgien de *seconde*, par son heureuse manière de professer, m'avait fait aller train de poste ; déjà je vérifiais la bonne prédiction du

Commandant ; je parlais grec et latin volontiers
avec mon maître, et je traduisais facilement Ci-
céron et Virgile. Le grec n'allait pas pas si vite,
mais aussi m'était-il moins nécessaire.

Dès que ma nomination fut connue de l'é-
quipage, le commandant qui ne fait rien à
demi, donna ordre de remettre entièrement à
neuf pour mon usage, la grande et belle cabine
de M. Goupil ; une vraie chambre, très agréablement disposée. Seulement il me fut défendu
de l'habiter avant que les peintures à l'huile
fussent très sèches ; mon oncle disant qu'il
voulait prendre tous les soins possibles de la
santé de son peintre, car il n'avait pas beaucoup d'artistes de rechange, si je fusse tombé
malade.

Il y avait bien à bord deux ou trois élèves de
M. Goupil ; mais outre qu'ils étaient peu
avancés, ils n'avaient pas une vocation très ardente pour la peinture, et ne faisaient pas pré-
sager de futurs succès... Néanmoins, je fus
chargé de remplacer pour eux notre regretté
peintre, et de leur continuer les leçons de M.
Goupil.

Pour cela il fallait attendre que je fusse mis
en possession de l'atelier du maître ; car ma
cabine, gaie, proprette, gentille, était néanmoins si petite que le Père-Jean et moi suffi-
sions à la remplir.

Ce cher Abbé ! il était plus joyeux que moi,

si c'est possible, du grand changement à vue
apporté à ma situation. Il était content surtout
de me voir en légitime possession de mes pinceaux à toute heure du jour, et il rêvait, disait-
il, des chefs-d'œuvres pittoresques que bientôt
j'allais produire!...

— Décidément, me disait-il, vous avez de la
chance, et je trouve que le bon Dieu vous traite
en enfant gâté. Depuis que vous êtes à bord, re-
marquez-vous comme tout s'arrange, tout se
succède, pour vous venir en aide?

Certainement il y a toujours une peine à côté
d'un plaisir : il en est partout ainsi; quand vous
aurez parcouru le globe en tous les sens, l'évi-
dence de cette vérité vous deviendra familière...
Mais ce que j'admire et ce qui me touche ce sont
les attentions infinies de la Providence envers
vous...

A côté de vos fautes elle a placé un correctif...
Non contente de vous avoir donné un vrai, un
beau talent, elle vous fournit tous les moyens
de le faire valoir... En vérité, une mère, veillant
près du berceau de son enfant pourrait-elle
davantage? Aussi, permettez que je dise tout
haut, comme tout bas je le pense : « L'ingratitude envers Dieu, qui nous prodigue tous ses
dons, sans jamais compter avec nous, me semble une monstruosité qu'à tout prix je voudrais
écarter de votre âme...

Ce cher Abbé! quel ami et quel guide! C'est

encore Dieu qui, par l'entremise d'un oncle incomparable, l'a placé près de moi! Ah! oui, si
je ne vois pas toujours assez tôt de quelle générosité le ciel use à mon égard, ne suis-je pas
négligent à le remercier de m'avoir donné un tel
ami... »

Mais pourtant, mon Dieu, cette prédilection
divine n'est-elle pas le partage de tous? et tous
ne sont-ils pas prévenus par cette toute-puis-
sance bénie, qui aime d'une égale tendresse ceux
qu'elle anime de son souffle?

Ici, peut-être qu'un mystère au-dessus de ma
raison m'empêche de recevoir une réponse qui
satisfasse le questionneur.

Cependant, si j'écoute au fond de moi-même
ce que Dieu dit sans cesse à toute âme attentive, il me semble entendre ces mots :

« Oui, Dieu partage ses bienfaits et ses dons
avec une justice, une sagesse, une libéralité
égale envers tous... seulement l'homme est libre
de s'éloigner du Père Céleste, libre de mépriser
ses dons, libre d'en abuser!

La soustraction des grâces méprisées, des
bienfaits méconnus, souillés même, n'est-elle
pas la conséquence naturelle, fatale de l'ingratitude? »

Un jour je disais cela au Père-Jean, voici
quelle fut sa réponse :

« N'en doutez pas. L'ingratitude humaine
finit par déterminer l'abandon du Ciel! Et voilà

pourquoi certains malheurs épouvantables nous révoltent et font blasphémer l'impie.

Au reste, le secret de la prédestination individuelle est un mystère redoutable et profond qu'il ne faut pas scruter. Nous savons que tous, sans exception, nous sommes prédestinés au bonheur sans fin, dans la Rédemption du Christ Jésus ; cela doit nous suffire pour marcher avec assurance vers notre éternelle destinée.

Voilà de ces entretiens auxquels les périls de la mer prêtent un intérêt puissant...

On n'est pas impunément jeté sur les flots du terrible Océan, on ne voit pas chaque jour l'humide abîme engloutir les parcelles de la vie, sans avoir de sa fragile existence une idée plus saisissante et plus juste que sur « le plancher des vaches », où la réalité des choses s'altère devant « la fiction, » où le mirage tient lieu du positif, où le mensonge prime la vérité, où l'alliage règne partout?...

Et encore! c'est le but de notre expédition, la poursuite des pacifiques conquêtes de la science, qui donnent à l'*Astrolabe* et à la *Zélée* cette supériorité de situation, cette altitude insigne, du haut de laquelle mes pensées descendent de leur sommet sans s'affaiblir au contact terrestre.

Si le génie de la guerre, du commerce ou de l'industrie planait sur les navires, nos équipages seraient en proie à toutes les passions qui bouleversent le monde!

Ambition, cupidité, orgueil, soif de conquêtes
et de domination des mers! que vous êtes loin
d'ici! Combien Dumont-d'Urville, dans ses
austères travaux, me paraît simplement sublime
dans son désintéressement de lui-même au profit de la cause commune!... Déjà, et par deux
fois, il en a été le martyr inconnu, de cette
cause sacrée: la gloire de sa patrie!... N'importe; il repart une troisième fois, et la puissance de ses convictions décide toute une armée à le suivre!

Recueillons en passant l'écho de cette grande
âme...

. . . .

Au souffle d'une inspiration puissante, Dumont-d'Urville écrivait un jour ces lignes trans-
lucides :

O mes amis! (1).

« Armée de savants et de sages, dont l'âme

---

(1) Dumont-d'Urville écrivait souvent sur les feuillets
d'un album de poche, soit des vers, soit de la prose.
L'inspiration littéraire et la haute philosophie lui étaient
également familières.....

Il était de ceux qui *écoutent les voix intérieures,* et
cultivent habituellement les méditations religieuses... De
là venait sa force au milieu des drames de la mer. De
là, des élans de foi sublime qui lui aidaient à triompher
de tout, et qui s'imposaient *contagieusement* à la plupart de ses subordonnés.

« s'unit à la mienne dans une abnégation qui ne
« sera bien comprise que par les hommes d'é-
« lite, qu'importe à ces grands cœurs?

« Ils accomplissent une œuvre colossale au
« profit de la France savante, qui peut-être
« n'aura pour eux, pour nous, qu'une stérile
« admiration, bientôt noyée dans l'oubli!...

« Ils affrontent l'inconnu dans ce qu'il a de
« plus redoutable : les naufrages dont les traces
« même ne se survivent pas!...

« La fin la plus tragique, la mort la plus
« abandonnée, les attend peut-être, à l'autre ex-
« trémité du monde!!!...

« Encore une fois qu'importe à ces modestes
« héros du devoir, et de la vocation exception-
« nelle qui naquit avec eux?...

« S'ils sont méconnus, oubliés des hommes,
« pour qui ils travaillent, si les éléments en fu-
« reur les broient avant qu'ils aient atteint le
« but de tant d'efforts, croyez-vous donc que
« tout soit fini pour eux?

« Ah! ce serait bien la dernière conception de
« la suprême ingratitude, noyée dans sa folie!

« Quand tout est fini en ce monde, tout com-
« mence dans l'autre!...

« L'Œuvre du Créateur n'est qu'en germe
« ici-bas; et les victimes d'une austère vocation
« le savent bien...

« S'ils n'ont peur de rien en s'exposant à tout,
« c'est qu'ils se confient en Celui seul dont la

« promesse ne trompe pas, et dont le pouvoir
« est sans bornes!

« Qu'est-ce que la terre entre les mains du
« Créateur? c'est à la fois l'instrument, le théâ-
« tre et le creuset, dont se sert l'éternelle sa-
« gesse pour éprouver les âmes : pour les clas-
« ser dans l'autre vie. Quand ce globe terrestre
« aura fini sa course au sein de l'empyrée,
« quand sa mystérieuse utilité cessera :

« *Le ciel et la terre passeront, mais la parole*
« *du Christ demeure éternellement.* »

. . . .

Depuis longtemps, l'Expédition s'avance dans
les mers australes. Les côtes de France, de Bel-
gique et de Hollande sont dépassées! celles de
de Prusse et de Russie le sont également...

Baltique, Suède, crêtes Norwégiennes et côtes de Finlande virent passer l'*Astrolabe* et la
Zélée, ardentes à la poursuite des découvertes
ou des écueils!...

Avec l'admirable télescope du pilote, planté
devant sa dunette comme la sentinelle devant
sa guérite, mon cousin avait pu apercevoir le
mont d'Islande et son volcan éteint depuis des
siècles.

Parfois, me disait-il au retour, les passagers
de *l'Astrolabe* qui se rendaient en Russie, attar-
daient notre marche pour les conduire aux ri-

vages où ils nous quittaient, avec une joie visible.

« Parbleu ! disait le pilote, en les voyant partir, je suis plus content qu'eux ! Dans une expédition comme celle-ci, les passagers sont un gros embarras.

Leur point de vue est si différent du nôtre, qu'on n'échange avec eux que des paroles creuses, mais pas une pensée !

Quand ces débarqueurs seront tous à terre, nous filerons grand-largue, et nous fuirons les côtes d'Europe à tire d'ailes.

Ils allourdissaient les navires avec des bagages à n'en plus finir, qui nous encombraient sans compensation.

. . . .

Bonsoir ! messieurs les Russes. »

Les sombres et brumeux passages Sibériens remplaçaient alors, pour nos aventureux voyageurs, le soleil radieux et l'atmosphère transparente de l'Atlantique.

Il fallait recourir à l'étude persévérante pour se soustraire à une lourde tristesse que ne connaissent pas les pays du soleil.

Les corvettes montaient, s'élevant, plus ou moins aidées de l'Aquilon capricieux.

« Je ne vois plus que l'eau et le ciel ! écrit mon cousin ; la mer et ses lames grises fatiguent mon regard, quand nul point aride n'émerge dans l'espace, et que l'horizon terne, vague et nébuleux, s'étend comme un linceul, je me sens envahi par une croissante tristesse, car il n'y a pas même moyen de peindre ce qui s'offre à la vue!... Décidément, quoique je sois peintre de marines, je suis le plus mauvais des marins... Plus j'avance et plus j'en acquiers la certitude.

Et pourtant j'admire, j'aime l'Océan comme pas un!

Oui, mais du rivage... c'est-à-dire que si je n'avais, (pour soutenir mon courage en dehors des coups-de-feu,) la fortifiante parole de l'abbé Janick, je serais de ceux dont le pilote se plaint et qu'il traite en « *étrangers* ».

L'heure est bonne pour pousser le travail classique; il me captive tardivement, mais je lui trouve ici une saveur, un goût qu'il n'avait pas naguère.

J'opine à croire que mon intellect, peu précoce au collège, ne pouvait se développer qu'à la longue et dans des conditions spéciales : cette idée porte avec elle un calme philosophique qui n'est point inutile au succès de mon travail.

Mais il y a quelque chose de plus.

— Quoi donc ?...

— Il y a que je ne suis tout à fait content de moi qu'après avoir bien pioché mes classiques!...

Je n'aurai jamais cru en venir là. C'est un prodige! Un prodige exécuté par Dumont-d'Urville !

Qu'est-ce que cela en comparaison des tours de force de son génie!

Donc, si je suis exilé sur l'*Astrolabe*, les compensations que je dois à mon oncle dépassent de beaucoup mes peines; et maintenant je n'oserais plus ni me plaindre, ni me livrer à de vains et stériles regrets...

« C'est ainsi, dit le cher abbé, que Dieu se joue des prévisions humaines...

Il espère édifier en ma personne un artiste chrétien, le Père-Jean!... Il y a encore à faire de ce côté, lui disais-je, l'autre jour. Mon instruction religieuse fut de tout point négligée. Au collège il y avait peu de temps libre, et point d'aumônier attaché aux élèves.

Parmi ceux-ci, quelques-uns osaient dire : « Je ne crois à rien! » c'était pure vanterie... ils allaient en cachette fourrer leurs économies chez les tireuses de cartes pour se faire prédire l'avenir; chez les somnambules, les voyants, et quelques autres nécromanciens qui font partie de la bande des voleurs civils.

La manière de voler de ces gens-là diffère de la pratique vulgaire, c'est vrai; mais au fond ils sont encore plus coupables envers la société, puisqu'en lui tirant de l'argent mal gagné, ils la trompent, et se moquent d'elle audacieusement.

Les élèves qui donnaient là-dedans, je les trouvais plus bêtes que des oies. Peut-on pousser à ce point la stupidité!...

Il y avait un certain élève, un prussien expatrié, qui parlait d'éclectisme, du grand Œuvre, et de Cagliostro.

Ses parents, adeptes d'une des nombreuses sectes luthériennes, l'avaient élevé dans un mélange bizarre de superstitions et de grossière négation impie.

Mais quand il voulait s'aviser de parler de religion, hors de classe, nous le plantions là. Il n'était pas aimé, et les autres s'en méfiaient...

—Tant mieux, cher ami ; c'était un bien dangereux camarade ; et, surtout pour la jeunesse, si facile à séduire, la fuite était urgente...

Ici, du moins, bien qu'en dévorant l'espace, nous soyons prisonniers de la mer, notre âme est dégagée de toute obsession malsaine ; le grand spectacle de l'Océan est une sorte d'enseignement religieux...

Moi-même je l'ai éprouvé, lorsque pour la première fois, je montai sur un navire faisant voile pour l'Indo-Chine avec d'autres missionnaires.

— Comment ! vous avez été missionnaire en Chine, bon *Père-Jean* ?

— Bien peu de temps ; je n'ai pu m'habituer ni au climat ni au régime. Je suis revenu en France avec les malades ; et c'est après mon entière guérison que je me suis présenté à Dumont-d'Urville.

— Avez-vous eu la fièvre jaune?

— Oui, avec addition de scorbut, de dyssenterie, et le reste...

— Malgré cela vous avez le courage d'affronter de nouveau la mer et la perspective de séjourner dans la haute Asie?

— L'air de la mer ne m'est point nuisible, au contraire ; quant aux futurs mouillages des vaisseaux sur les côtes de l'Asie ou de l'Océanie, je me sens assez radicalement guéri pour braver sous la conduite d'un capitaine aussi prudent qu'illustre par ses exploits, toutes les chances de l'expédition qu'il commande...

Et puis, je suis missionnaire... sans quitter le bord, nous sommes assez nombreux ici, — et sur la *Zélée* au besoin, — pour que mon ministère soit désiré de nos marins, par conséquent fécond et consolateur...

— Oh ! certainement, mon bon père ; n'y aurait-il que moi pour exercer votre zèle, ce serait déjà quelque chose... Mais voyez déjà tout le bien que vous avez accompli pendant cette terrible et meurtrière visite du fléau ! Vous avez été notre providence visible...

— Dites votre frère bien dévoué, cher ami ; mais, notre providence visible c'est Dumont-d'Urville ! l'incomparable marin qui nous guide !.....

S'il se fût agi de partir avec un autre commandant j'eus peut-être hésité ;

Mais lui ! On peut dormir en paix sous sa garde ; par la mer la plus violemment agitée, nous sommes sûrs de la main qui gouverne... d'Urville adore Dieu !...

Cet admirable d'Urville ! n'a-t-il pas un don sublime, qui le place même au-dessus de son modèle le grand et illustre Capitaine Cook : La Foi vivante, efficace, en l'intervention divine ?

Rien que pour cette rare vertu, nous pourrions nous confier à lui ! Et, croyez-moi, quels que soient les périls formidables que nous ménage son troisième tour du monde, vous verrez qu'il en sortira vainqueur... Car c'est, avant tout, un homme religieux qui se fie encore plus à Dieu qu'à sa science et à son habileté pour dompter la mer.

Quand j'entends ainsi parler le Père-Jean, je me sens une grande provision d'espérance : et mes idées noires, mes craintes de ne plus jamais revoir les rivages de France, les côtes de Bretagne, et le foyer paternel, s'évanouissent momentanément...

C'est vrai ! Le Commandant est un grand homme, il fait honneur à la France, à l'humanité. Il y en a peu comme lui...

Il veille quand les autres dorment ; sa vigilance est de tous les instants... Quand donc prend-il son repos ?

Toute la nuit sur le pont, dès que la navigation est difficile...

Tout le jour penché sur ses cartes, ou braquant sa lunette marine...

Une activité universelle, qui jamais n'arrête... Il a donc une nature de fer, infatigable? Comment peut-il résister si persévéramment à une semblable tension d'esprit?...

Avec cela, s'il écrit ce qu'il pense, ce sont des éclairs de génie...

Son Etat-Major et lui, forment une sorte d'encyclopédie vivante. La nature est avare de semblables types, ils apparaissent bien rarement.

A côté de ces hommes-là les autres s'effacent et diminuent.

. . . .

Eh ! c'est ce qui explique l'envie, la jalousie, les animosités mesquines et vulgaires... C'est à eux que s'applique le mot d'Alphonse Karr, à à propos du Tasse, je crois...

« Une couronne d'épines, voilà les lauriers de la vraie grandeur ».

Nous autres, chrétiens, nous comprenons mieux la profondeur de cette noble pensée...

La nuit, Zaroff, le brave chien-mousse, veille près de son Maître s'il sommeille, avec ordre de l'éveiller au moindre bruit suspect... L'enfant dort ensuite dans la journée... Il en a grand besoin, le pauvre petit !... Aussi le voit-on bien rarement se mêler à l'équipage ; et si

les matelots l'aiment beaucoup, ils n'ont guère
occasion de voisiner avec Zaroff... »

. . . .

Le 14 décembre. — « Le soir, quand sur
l'initiative du saint missionnaire, nos formidables invocations montent, en perçant les nues,
par de là l'horizon, il me semble que de radieux
esprits sillonnent la voûte azurée pour recueillir, en des coupes d'or constellées de topazes,
nos ardentes et humbles prières... En prenant
place dans ce chœur de vaillants hommes, qui
font acte d'adoration et de sublime confiance, je
suis comme le premier jour, saisi d'une émotion profonde !...

Ah ! c'est que le besoin de Dieu, — ce don si
beau déposé au fond du cœur de l'homme par
son Créateur, — ne se fait nulle part mieux sentir qu'au sein des dangers de la mer...

Jeté sur le terrible élément pour le dompter
et le vaincre, sous peine d'être englouti sous
ses flots, comment ne pas tout demander, et
tout attendre de : *Celui à qui les vents et les
mers obéissent ?*

. . . .

A l'horizon noyé dans la brume, le pilote
signale un point noir...

Il a l'air sombre et soucieux, notre pilote ;
lui, si enthousiaste de sa vie *flottante*, si plein
d'assurance en la bonne étoile de d'Urville !...

On dirait ce matin qu'il flaire un latent péril,
un écueil encore invisible...

De quoi donc va-t-il retourner?...

Oh! la mer! théâtre merveilleux des plus
grands drames de la nature!

Que je l'aimais, enfant, quand du haut des
falaises, le bruit de ses doux flots berçait ma
rêverie!... Quand les lames et le flux, agitant
mon batelet, captivaient mon oreille comme une
enchanteresse mélodie!

Quand elle baignait mes pieds nus de son écu-
me blanche, attiédie par un chaud soleil de mai!..

Oui!... mais maintenant que je me vois livré
à elle, à ses perfides et terribles caresses, j'en
frémis parfois d'épouvante involontaire...

Si je ne savais prier, je l'apprendrais ici...

Mon âme, soudainement envahie par la grandeur, l'effroi, la majesté du spectacle, mon
âme se soumet, s'illumine, s'exalte, et adore!

L'Infini, le Maître divin, dans sa toute puissante et très sage bonté, me subjugue et m'attire... Je me sens aimé de Lui, et porté dans ses
bras bien plus que sur les eaux!...

O mystère de la Création!... immensité de
Dieu, impuissance humaine, trahison des
forces de la nature quand le ciel s'en détourne,
et punit l'orgueilleux, combien plus éloquentes
m'apparaissent vos démonstrations sous les
lois de l'Océan que sous celles de la terre
ferme!...

Jeté sur un vaisseau, et lancé en pleine mer, l'impie, superbe et gonflé de lui-même, mais seul, livré aux vagues impétueuses et irritées, tantôt terribles comme le gouffre béant : cet homme, — *à moins d'être un monstre ou un fou,* — sentira naître en lui l'instinct de la prière, le besoin d'invoquer Dieu ! *il s'humiliera*.....

Il n'y a pas de preuves, — si logiques soient-elles dans leur éloquence, — qui vaillent l'éloquence des faits et la voix de la mer, pour démontrer Dieu et sa domination éternelle.....

Et puis, qu'il est doux, au sein des grandes scènes de la nature, de monter à Dieu, de l'implorer, de le bénir !...

Essayez, pauvres incroyants ! Si vous êtes sincères, de vivifiantes effluves ressusciteront votre âme, — souffle divin — que vous ne pouvez éteindre sans décapiter votre intelligence, fille de l'Eternel !...

. . . .

Le 22 Décembre. — Ici tout change de nom, de face et de coutume ; les usages conventionnels sont renversés comme un sablier qu'on retourne... Bientôt la nuit deviendra le jour, et l'été, l'hiver... Mais, patience ; pour ceci il faut avoir franchi notre hémisphère, où l'Europe, malgré, sa vieillesse, domine le nouveau Monde, la jeune Amérique ».

— J'ouvre une parenthèse pour faire remarquer au lecteur que mon cousin écrivait ses notes de voyage en 1837 et suivantes années...

Aujourd'hui il penserait autrement... Sans doute, grâce aux idées du jour, et aux progrès américains.

Au reste, la terre tourne, et le soleil luit pour tout le monde : c'est pour cela, probablement, que chacun veut avoir son tour !

CHAPITRE VIII

L'ASTROLABE ET LA ZÉLÉE SONT CERNÉES
PAR LES GLACES DU POLE

De latitude en latitude nous montons, le froid
devient intense, Dumont-d'Urville se promène
sur le pont, les mains derrière le dos, l'air soucieux : il ne parle à personne ; mais, de temps
en temps. il s'approche du feu, la durée d'un
éclair... puis il arpente de plus belle le plancher
du pont.

Personne n'ose interrompre sa méditation,
mais chacun sent que la situation est perplexe.

De grands travaux scientifiques s'étaient déjà
accomplis sous l'impulsion du maître.

Plus de cent lieues de côtes à relever, des
dangers signalés à temps et heureusement évi-
tés ; le voisinage du cap et de ses tempétueux

parages : Magellan et ses écueils, tout cela, et
bien d'autres obstacles franchis en compulsant,
travaux de géographie, d'ethnographie, d'entomologie, de météorologie, d'astronomie, etc.

La tête du Commandant est une encyclopédie
vivante, ses vastes préoccupations me semblaient on ne plus naturelles.

Mais cette expressisn de gravité sombre que
je lisais sur sa mobile physionomie, ce silence
persistant et agité plus que de coutume, disaient
que de sérieuses choses se préparaient ; que la
lutte se condensait, en menaçant de dévenir subitement ardente ou meurtrière...

Mon attention, facilement distraite des inquiétudes matérielles, au spectacle du gigantesque travail de messieurs nos savants, si admirablement appliqués à leurs hautes études,
m'empêchait alors de m'effrayer d'avance pour
un mal que je ne voyait point encore, et que
d'ailleurs notre Commandant saurait bien parer
quand viendrait l'heure décisive...

Et puis cette activité prodigieuse et si bien
ordonnée, dans le classement des documents
innombrables recueillis partout sur notre passage, qui permet à Dumont-d'Urville d'amasser
en un mois, plus de trésors pour la science ex-
périmentale qu'il n'eût pu le faire en un an sur
terre ferme, cela m'intéresserait infiniment plus
pour le moment que la poursuite de l'inconnu
et la divination de l'avenir...

« S'il est contraire, à quoi bon s'en tourmen-
ter ? pensais-je philosophiquement ? je puis
bien, à l'exemple du *Père-Jean*, dormir sur mes
deux oreilles près d'un homme de la trempe de
mon oncle.»

D'ailleurs, pas plus l'état-major que nos savants, personne, sauf le pilote, n'a l'air d'inter-
préter avec pessimisme l'expression assombrie
du Commandant ; encore que, depuis quelque
jours, beaucoup de blocs de glace nous visitent
fréquemment, et semblent vouloir se coller aux
flancs de nos vaisseaux... serait-ce donc ces
blocs, dont le nombre grossit à vue d'œil, qui
donnent ce noir souci à nos guides ?...

Pouvais-je me douter, dans ma parfaite igno-
rance des dangers sous-marins, que l'absence to-
tale du vent, qui, depuis deux jours et demi,
nous tenait en échec par immobilité, était le
trop juste motif de mortelles inquiétudes ?...

En avançant vers le pôle-nord, de six degrés
de plus que les circumnavigateurs précédents
ne l'avaient osé faire, Dumont-d'Urville avait
compté sur les courants qui régnaient assez or-
dinairement dans la région polaire à l'approche
du solstice, pour nous livrer passage ; appuyé
sur l'imprudence présomptueuse, l'homme de
mer peut pousser la sonde et asseoir ses découvertes, sans compromettre le sort de son équipage...

Toutes les observations météorologiques se

coordonnaient jusqu'à la veille, de manière à justifier les premières privisions de Dumont-d'Urville ; et voilà que tout à coup, depuis quelques heures, ce vent, qui nous était nécessaire pour circuler, sinon pour avancer, ce vent cessait, et allait mettre ainsi l'expédition en péril de mort, par sa disparition inattendue !...

Car, si l'air n'agitait plus de son souffle vital la morne atmosphère, il n'en était pas de même en la profondeur de l'abîme !...

Hélas ! nos marins le sentirent bien vite, ce courant précurseur du plus horrible naufrage !!!...

Les blocs de glaces, durs comme d'immenses pierres, se précipitaient avec d'effroyables et sinistres craquements contre l'*Astrolabe* et la *Zélée* ! En moins d'une heure les deux infortunés vaisseaux allaient être cernés par une muraille de glaçons énormes qui s'attachaient à leur flanc comme le vampire à sa victime !!!...

Soudain, et d'une voix étranglée, j'entends le pilote articuler ces mots...

« Sombrer là ! faute d'air, bloqués par les glaces !!! »

. . . .

Debout, les bras croisés sur sa poitrine haletante, le regard morne, désespéré, mais non pas vaincu, Dumont-d'Urville était effrayant à voir.

Je sentis un frisson me gagner, de peur qu'il

fut bientôt atteint d'apoplexie.

J'aurais préféré qu'il se livrât à de violents efforts, à des cris de détresse, au lieu de rester dans cette immobilité redoutable...

« Seigneur !... ô notre Père, qui êtes aux Cieux ! prenez pitié de nous ! »

A cette invocation puissante, je me retourne et vois notre abbé à genoux ainsi que les deux jeunes matelots bretons qui ne sont contents que près du bon prêtre....

« C'est donc fait de nous, mon Dieu ! dis-je tout bas, en pressant à la briser la main glacée du saint homme !...

— Oui, ce serait la fin si le Ciel ne nous sauve !!! mais *Jésus commande aux vents comme aux flots ;* l'Evangile nous l'affirme, dit le père avec calme.

— O Christ ! ayez pitié de nous ? délivrez nous ! fis-je, en m'agenouillant près des jeunes Bretons, dont les dents claquaient ; ils étaient plus pâles que des spectres.

..... Si horible que fût l'angoisse générale, ce n'était que le prélude.....

L'agonie morale devançait l'autre ! Des jours et des mortelles heures pouvaient s'écouler avant la catastrophe suprême... De grands feux brûlaient à bord de l'*Astrolabe* et de la *Zélée*, mais c'est à peine si nous en sentions la chaleur bienfaisante.

Dumont-d'Urville avait quitté le pont : où

était-il ? Je savais par Zaroff qu'il avait ses douleurs névralgiques, mais il n'était pas homme à
s'occuper de lui en présence du désastre qui se
préparait...

« Je suis certain, me dit le *Père-Jean*, répondant à ma pensée, que notre capitaine cherche les moyens désespérés de débloquer les navires.

Il essaiera tout, avant de crier vers Dieu !
C'est son devoir, et c'est l'instinct des hommes
de génie ; le danger exalte et décuple leur valeur
morale...

Mais que peut le génie contre le vent ?

L'homme, avec toute sa science, toutes ses
découvertes, est le jouet du vent !

. O dérision amère ! le roi de la création ne
peut se faire obéir par le souffle même le plus
léger !

— Combien êtes-vous calme ! et maître de
vous-même ! Père-Jean, ne puis-je m'empêcher
de gémir à l'oreille du missionnaire.

— Mon ami, plus le péril avance, plus il faut
redoubler de présence d'esprit.

Que risqué-je entre les mains de Dieu ? Ah !
ce n'est pas pour moi, c'est pour le Commandant, pour l'expédition menacée, pour vous que
je souffre et je prie !!! C'est quand tout est
perdu que le ciel se déclare pour les siens !
Nous n'en sommes pas là encore, mes enfants,
dit-il en bas-breton au jeunes matelots, au lieu

de pleurer ainsi, récitez le Rosaire pour le salut
de l'équipage. Avant que vous l'ayez terminé, la
confiance vous viendra au cœur ! »......

Les deux matelots tirèrent sans parler leur
chapelet à gros grains, se mirent un peu à l'é-
cart, et l'immortelle invocation consacrée à
« *l'Etoile des mers* » commença.

. . . . \

Les ténèbres avaient progressivement envahi
l'horizon, comme un linceul funèbre s'étend sur
les morts.

Nulle autre parole que celle de la prière ne
protestait contre l'effroyable silence des deux
navires...

Au point de vue de la navigation, matelots et
pilote n'avaient plus rien à faire.

Mais plus fort que sa douleur n'était poignante, Dumont-d'Urville estimant que les vrais
combattants devaient se défendre jusqu'à ex-
tinction de chaleur naturelle, avait jeté des sondes et mis lui-même la main à l'œuvre pour un
effort désespéré...

« Tout le monde à la manœuvre ! et jusqu'à
ce que le vent nous soit rendu !!! répercuta son
porte-voix...

— Voilà ce que j'attendais de lui ! murmurait
le Père-Jean, suivant M. le *Second* jusqu'à l'infirmerie où un malade, le seul qui ait traîné sa
convalescence du fléau, réclamait le ministère
du prêtre...

— Oui, il avait pressenti d'avance l'héroïque défense du Commandant, notre aumônier. Et moi, resté sur le banc près de la dunette du pilote, je regardais avec une admiration stupéfaite, ce déploiément d'énergie et de ressources désespérées, qui ne devait s'arrêter que par l'impuissance des lutteurs, ou par le secours octroyé d'en haut !... »

— *Enfants ! aidons-nous pour que le ciel nous aide !* Eh ! s'il lui faut ma vie pour sauver l'Expédition, qu'il la prenne !!!

Quand j'entendis Dumont-d'Urville prononcer ces mots, les pleurs me gagnèrent et je ne fus pas le seul.

On s'arrêtait : le terrible travail, presque sans espérance se poursuivait par escouade ; il fallait se relayer devant ces blocs de glaces qui de toutes parts assaillaient les corvettes !

Des projectiles enflammés, des barres rougies au feu de forge du pont, des grenades et des bombes, furent lancées à revers...

Dumont-d'Urville tentait de se frayer une voie, c'était tenter l'impossible !... Il le savait ; mais qu'importe.

Son devoir était, non de vaincre et de réussir, mais de combattre ! de mourir en luttant !

Il s'était vaincu lui-même, le Commandant ; il avait resaisi force, présence d'esprit, inspiration soudaine, il était lui-même.

Ceux qui ne connaissent pas la puissance de

la foi, ignorent absolument la vraie grandeur de l'homme...

Après trois jours de luttes héroïques et d'indicible angoisse, l'atmosphère s'agita : un souffle de vie remonta nos courages....

Tout ce qui est du domaine de l'homme avait été tenté, et tenté sans succès !

L'heure de Dieu était venue...

Aux paroles de feu du Commandant, une commotion profonde avait galvanisé les âmes : les sublimes accents de Dumont-d'Urville, électrisant ces hommes, jusque là glacés par le spectre d'une mort prochaine, tout l'équipage, courbé sous la main divine avait prié d'une seule voix, implorant la délivrance !...

Et la délivrance était venue !...

Ce grand souffle d'un espoir magnanime avait fait violence au ciel ; il daigna nous sauver !!!

Ce ne fut d'abord qu'un souffle bien léger... Mais, ô bonheur ! les équipages bougeaient !

Les matelots pouvaient agir et le pilote *piloter !* A peine osions-nous y croire et nous y fier...

Le Commandant, lui, ne doutait pas.

Son ferme esprit vit avant tout le monde que la Providence venait à notre aide...

Il ne restait à d'Urville qu'une crainte prévoyante : celle des conséquences inévitables de la crise : l'affaiblissement général des forces physiques.

Mais en même temps que le vent de la délivrance soufflait de façon à nous dégager des glaces amollies, et peu à peu déblayées devant les navires, un très habile mouvement en arrière, opéré au meilleur moment par le pilote, acheva de nous tirer d'affaire.

L'escadre redescendait sans péril, non loin de la voie tracée par les précédents circumnavigateurs.

Notre chasse aux découvertes allait commencer, et nous offrir de prompts dédommagements.

Il faut convenir qu'ils furent bien mérités.....

. . . .

Il y eut une petite scène touchante, au sortir de la crise ; ce fut lorsque Dumont-d'Urville voyant s'avancer vers lui le Père-Jean radieux de reconnaissance, alla vers lui les bras ouverts, et criant, de façon à être entendu de tout le monde : « Gloire à Dieu et merci à vous ! Vous avez été le trait d'union entre le ciel et la terre...

J'étais fou de douleur, quasi de désespoir et de remords, d'avoir conduit l'expédition plus près du pôle qu'aucun des marins qui ont passé *par là*, lorsque je vous ai vu, de loin, prier en silence...

Cette vision m'a rendu à moi-même : vous m'avez puissamment aidé à réagir !

Encore une fois, merci ! »

Et ils s'embrassèrent dans une longue étreinte, acclamés d'enthousiasme par tout l'équipage.

Mais le bon Père-Jean voulut répondre ; et voici à peu près dans quels termes :

« Commandant, je ne suis qu'un pauvre homme, que le froid terrasse et martyrise, nous brûlions la chandelle par les deux bouts..... La dépense de combustibles devenait effrayante, quelle que soit l'ampleur des approvisionnements ! cela ne pouvait aller loin.

Mon Dieu, pensais-je, qu'allons-nous devenir ! et quel sort épouvantable sera le nôtre, s'il nous faut périr de froid près du pôle, calcinés par les glaces qui, tout comme les chaleurs torrides, brûlent le sang de l'homme !...

Alors j'ai crié vers *Celui* qui donne au soleil des rayons bienfaisants, et mon regard a croisé le vôtre ; c'est sous votre impulsion, Commandant, que l'équipage entier a fait violence au ciel !

Vive Dumont-d'Urville !

— Vive notre Commandant ! Notre libérateur ! notre père ! » Cette exclamation partit, comme un tonnerre joyeux, d'une extrémité à l'autre du navire. L'équipage électrisé par les dernières paroles du Père-Jean, les répétait avec ivresse, et les hourra de l'*Astrolabe* finirent par une accolade universelle.

C'est encore un grand spectacle, ce tableau de fraternisation.

Je le peindrai de mémoire au premier mouillage.

Pour le moment, je reproduis la terrible
scène de notre agonie de trois jours. Le Père-
Jean m'aide de ses souvenirs et de ses avis ju-
dicieux.

Comme professeur de dessin, j'ai vacances ;
mes deux apprentis peintres sont malades, tout
autant de l'épouvante effroyable qu'ils ont su-
bie, en voyant les navires bloqués par les
glaces, que par suite d'une température extra
rigoureuse pour leur faible santé.

Ces pauvres jeunes gens ! je crains fort que
ni l'un ni l'autre n'arrivent jamais à rien.

Mais ce sont encore des protégés de « mon
oncle » et pour cela seul je m'en occuperais
avec intérêt...

. . . .

« Éole gonfle ses outres à présent, m'sieu
Louis, vient me dire à l'oreille le petit Zaroff,
dont la tête ébouriffée, l'œil brillant, et la mine
éveillée fait plaisir à voir...

— C'est toi, moussillon, qui parles mytholo-
gie ?

— Et pourquoi pas ? Croyez-vous qu'Amphy-
trite, Borée, Aquilon, soient des étrangers pour
Zaroff. On apprend tout, là, près de mon maître !

— Au fait, je suis payé pour le savoir, fis-je
à part moi. — As-tu quelqu'ordre à me transmettre, savant-mousse ?

— Pas pour le quart d'heure, m'sieu Louis.
Mais comme vous m'avez dit de vous garder
les chiffons de papier que jette mon Commandant, j'viens vous prévenir que j'en ai des
masses, en bas, dans ma cabine.

— Eh bien ! moussillet, tu es gentil d'y avoir
pensé au milieu de la bagarre !

— C'est justement pour ça qu'il y en a beaucoup. L'affreuse nuit que le capitaine pensait
mourir figé, il a brûlé, déchiré et mis au panier
un tas d'écriures. Moi, j'ai ramassé ce qui tom-
bait, c'est ma consigne ;

Le voulez-vous ?

— Certes, je le veux, viens me les apporter,
et descendons ensemble. »

Un quart d'heure après j'étais possesseur
d'un monceau de feuilles volantes, en partie dé-
chirées.

« Les morceaux en sont bons ! » me dis-je en
lisant de jolis vers inspirés à Dumont-d'Urville
par la Flore de l'Océanie, car il est poète à ses
heures, cet homme étonnant !

Quand je revins au gaillard d'arrière où j'a-
perçus le chirurgien de *seconde*, le pilote avait
mis cap sur Pewel, à l'ordre soudain, mais ré-
fléchi du Commandant.

Nous descendions avec une rapidité dûe aux
vents favorables.

Nos voiles, enflées, à miracle, se faisaient
libre passage à travers les glaçons épars, et

notre résurrection ne laissait rien à désirer...

Un moment déconcerté par des accidents météorologiques inattendus, d'Urville régnait de nouveau sur l'élément liquide et s'en faisait obéir...

C'est un de ces hommes rares, qui savent s'élever au-dessus de l'univers visible et d'eux-mêmes !

« A voir le Cammandant à certaines heures, dit alors le chirurgien de *seconde*, on dirait qu'il contemple la lumière indéfectible !

— C'est vrai, M. Charles ; et dans ces moments-là, il inspire une telle réserve qu'on n'ose l'approcher !...

— L'homme est un grain de sable aux mains du Créateur, mon jeune ami ; mais quand ce grain de sable, outil intelligent et libre, monte par la pensée jusqu'aux sphères éternelles, il iouche à Dieu, et devient plus grand que le monde...

Voilà le prodige qu'accomplit, en d'Urville, l'Espérance héroïque !... Que de fois, dans le dernier voyage, lui ai-je entendu répéter :

« *Le désespoir, voilà l'ennemi !* »

De fait, il n'y en a point d'autre.

Outre que l'espérance, placée en Dieu, centuple la force humaine, elle éclaire et déifie en quelque sorte notre intelligence, que le doute seul, enténèbre et blesse à mort ! »

Après une semaine terrible, une seconde semaine nous rend la vie...

L'Aquilon est le bon vent !

— C'est que nous tirons vers le sud et que nous serons bientôt en Asie ! dit un ingénieur hydrographe. »

A peine sorti du détroit, où l'on pouvait s'attendre à toutes les perfidies du Borée de la fable, voici qu'une série de points arides émergent au Levant...

« Terre ! terre ! s'écrie un mousse grimpé aux bastingages...

— Voulez-vous voir, M. Louis, prenez ma bonne lunette, me dit le chirurgien de 2e, me tendant son précieux instrument.

— En effet, j'aperçois la terre ! Ce sont des îles ? J'en vois trois...

— Je les ai vues, ces îlettes, nous en sommes à deux milles. »

Tous les mousses se hissaient aux grands mats et chacun voulait voir, s'assurer par ses yeux...

CHAPITRE IX

DÉCOUVERTES ET ACCALMIES

« Messieurs, nous sommes sous le 64ᵉ parallèle, c'est le groupe des *South-Orkneys* que nous voyons de face; s'écria Dumont-d'Urville, qui braquait aussi sa lunette-marine. Mais, poursuivit-il, nous allons le tourner; nous allons découvrir quelque chose!... des terres inhabitables pour l'homme, et que l'oiseau de mer, ou les monstres-marins ont seuls visitées avant nous... Car, même ici, nul vestige humain ne nous a précédés!... »

Le vent, toujours favorable, gonflait si bien nos voiles qu'au lendemain, dès l'aube, nous étions en vue d'une terre recouverte en entier d'un manteau de glace...

« Elle semble aussi dure que le granit de nos

landes bretonnes ; disait Pornic, le matelot, au Père-Jean assis auprès de moi.

— Yvon, vois-tu ce drôle d'oiseau blanc et noir à bec crochu ?

— Je le vois, dit Yvon, qui fixait, extasié, ce curieux produit des régions polaires. Mâtin ! quels yeux y m'fait !...

— Matelots ! à l'abordage ! Plantons sur cette croûte glacée le drapeau français !... héla M. *le second*, suivi de d'Urville. »

Le Commandant prit de la main droite son grand chapeau à plumes noires en disant par proclamation :

« *Terre Louis-Philippe* ! je te salue en te nommant... Sois-nous hospitalière, île royale et française !... »

Le pied du capitaine toucha la nouvelle terre.

On apporta le poteau, préparé d'avance, au sommet duquel était inscrit le titre de notre nouvelle possession.

Deux griffes de fer, en manière de sondes, crevèrent profondément la glace, s'y enfoncèrent solidement, de façon à ce que le poteau pût résister aux cyclones polaires comme aux âpres frimats...

Les patineurs, — tandis que d'Urville présidait la cérémonie de prise de possession, — les patineurs couraient, glissaient sur la glace unie et brillante, pour attraper le plus qu'ils purent de ces oiseaux baroques dont s'émerveillaient de loin nos jeunes Bas-Bretons. Le cri, le plumage, le saut de ces pauvres pingoins ne ressemble en rien à ceux des habitants de l'air, dans nos pays tempérés... Ils se laissèrent prendre sans songer à fuir; et Pornic, devenu propriétaire d'un couple, espéra pendant quelques jours les acclimater à bord.....

Vain espoir! ils périrent, et il fallut les empailler, grosso-modo, avant un mois, ces gros mangeurs de neige.

Les côtes relevées par les ingénieurs hydrographes, nous filâmes, en descendant toujours.

Bientôt une autre terre, moins grande, paraît à l'horizon...

« Celle-ci sera l'*Ile Joinville*! dit le capitaine... »

Cinq jours après, nous découvrîmes la troisième île; nommée l'*île Rosamel*, par Dumont-d'Urville...

Cet épisode rémunérateur fit joyeuse diversion à bord; les équipages fêtèrent avec les vins de France, nos pacifiques conquêtes; et ils oublièrent pendant quelques jours leur effroyable agonie!

« Maintenant, mes amis, nous touchons à de meilleurs climats; le repos vous est dû. C'est au *Chili*, oasis au sein des ondes, que je veux aborder... »

Ainsi l'avait déclaré Dumont-d'Urville.

Le Chili nous offrit une délicieuse température pour nos malades; toutes les ressources désirables pour nos vaisseaux, — légèrement avariés par la crise du pôle, — et tous les moyens de ravitaillement provisionnel que nous pouvions souhaiter . . . .

Cette riante perspective, on était pressé d'en saisir la réalité... car — découvertes à part — les débuts de l'Expédition universelle avaient été bien durs, et nos luttes, déjà terribles et trop variées !...

. . . .

15/1 — 38. — Quand l'*Astrolabe* et la *Zélée* abordèrent aux rivages Chiliens, la températature printanière eut bientôt dilaté nos poitrines qu'oppressait depuis de longs mois l'humidité pénétrante et glaciale des régions polaires...

17/1 — 1 à 5. — Enfin! nous abordons aux rives de *Talcahuano*! l'un des plus beaux, des plus doux pays où l'Eden fut planté, de divine et tragique mémoire !...

Oui, le berceau de l'humanité n'est pas loin d'ici, me disais-je? en savourant cette douce brise tiède, embaumée, délicieuse à respirer.....

Talcahuano est vraiment, sous le rapport des beautés naturelles, un abri enchanteur. Deux mois de repos dans cette oasis, pouvait faire oublier bien des maux, guérir bien des santés chancelantes ; c'est sur quoi comptait d'Urville.

Il comptait aussi, le Commandant, sur les nouvelles d'Europe.

D'après son itinéraire, un courrier de France, de Toulon, de Paris et de Bretagne aussi, devait dans quelques semaines, rattacher notre aventureuse destinée à nos familles, à nos amis, à la mère-patrie!...

Avec quel battement de cœur j'attendais les quelques lignes que mon « oncle » comptait recevoir de mon père!...

Le Père-Jean partageait notre espoir et ma joie satisfaite du présent.

Il avait été captivé près du lit des malades, pendant nos dernières semaines de navigation.

Maintenant que tous semblaient renaître, que la vie circulait en nos veines sous l'effluve printanière, par un soleil qui ne brûlait point, en nous donnant sa vivifiante chaleur ; maintenant que nous avions des vivres frais, des viandes nouvelles, des légumes savoureux et des fruits en primeurs ; maintenant que je pouvais peindre à toute heure du jour, et jouir d'une liberté dont je sentais le prix avec une sorte d'enivrement sans danger, que pouvais-je ambitionner de plus?...

Aussi j'étais sans désir et sans crainte présente... Ma santé, qui n'est pourtant pas herculéenne, avait soutenu comme pas une, toutes nos cruelles épreuves du bord ; et je me reconnaissais grandement redevable envers la Providence.

Mais l'homme sait-il jamais jouir sans arrière pensée, de sa part de bonheur? j'ai peine à le croire...

« S'il est vrai qu'on s'instruise en voyageant, par le seul fait du voyage, disais-je à l'abbé Janick, il est encore plus vrai que, pour voyager avec fruit, il faut savoir beaucoup.

Quand aux sciences spéciales à une expédition comme celle-ci, pour en profiter largement, il faudrait y être préparé par beaucoup plus d'études classiques et autres, que je n'en saurais porter... Zoologie, botanique entomologie, biologie, etc., me resteront toujours étrangères.....

En tous cas, ce magnifique et dramatique voyage comptera dans ma vie comme phase principale et déterminante, pour tout le reste de mon existence, (si je revois jamais la Bretagne!)

J'ai lieu d'espérer qu'il ne sera pas infécond au point de vue de la peinture et de l'habitude du travail intelligent dont j'ai accepté désormais le joug salutaire; mais voilà tout.

— Comment voilà tout; eh! que vous manque-t-il donc, pour être satisfait? Dumont-d'Urville vous a mis l'outil en main : un poste auquel vous n'eussiez pu aspirer est devenu le vôtre; et vous oseriez vous plaindre?

— Mais non, Père-Jean, ne déplaçons pas les questions; je dis seulement que je n'aurais nul droit au moindre spécimen scientifique du trésor qu'amassent tous nos savants, parce que j'ignore leur science.

— Certes, pas plus que ces messieurs n'auront le moindre droit sur les marines que vous allez faire, d'ici la fin de la campagne, mon cher Louis. A chacun sa place et ses attributions respectives, jeune artiste, à l'imagination vagabondage, insatiable!...

— Vous croyez donc, là, sérieusement, que je puis peindre des œuvres dignes d'être comptées un jour.

— Comment, si je le crois! mais j'en suis sûr, Louis, j'en suis absolument certain d'après vos débuts ici; et même d'après les ébauches des bluettes que vous avez esquissées chez vous.

— Allons, vous me faites du bien par tant de confiance, mon père.

C'est que, voyez-vous, après tout ce qui s'est passé à mon sujet depuis huit mois, cela s'est succédé comme une sorte de *féerie*. Les évènement ont marché, aussi vite que des rêves.

Et, je l'avoue à vous seul qui avez mon absolue confiance, il y a des moments où j'éprouve la méfiance de moi-même, au point de ne pas me prendre au sérieux! de ne pas me fier au talent qu'on m'accorde et de douter de tout!!!...

— Ah! mais ceci est une maladie, une erreur qu'il faut étouffer dans son germe, mon enfant.

Je conçois qu'un court ébranlement du cerveau se soit produit, à la suite de tant de secousses et de tels changements arrivés dans votre vie. Nous ne sommes pas de fer, et vous êtes bien jeune.

Mais tranquillisez-vous, cette pénible disposition d'esprit passera... L'équilibre complet vous viendra avec un peu de calme et de succès dans vos œuvres artistiques.

Rien de tel que le doute pour tuer les meilleures dispositions et les plus riches facultés. Certes, il ne faut pas pousser la confiance en soi-même jusqu'à la présomption et l'outrecuidance...

Mais aussi ne faut-il pas non plus se laisser démonter par d'excessives défiances de ses forces intellectuelles.

Ce sont deux excès également contraires au bon fonctionnement de l'intelligence humaine, voyez-vous, mon cher Louis.

Le remède efficace c'est d'aller de l'avant, de travailler régulièrement, fût-ce sans goût et sans avoir conscience de réussir.

Faites cela et vous vaincrez la tentation et le tentateur. »

. . . .

« Je me remets à l'œuvre; je veux travailler à mes marines comme l'entend le cher aumônier dont j'apprécie plus que jamais les bons conseils.

Oui, l'homme ici-bas est soumis à deux luttes; l'interne et l'externe. La lutte du dehors n'est rien à côté de l'autre!... Oh! célle-là impossible de la bien soutenir et d'en sortir vainqueur sans un guide, celui qui a la science de l'âme... la préscience de ses maladies...

— « Père, voilà déjà vos avis salutaires qui portent leurs fruits. Bien ou mal disposé, je travaille. Ils sont trop verts pour moi, les fruits de la science, je ne les envie plus : à chacun sa part. Celle des beaux-arts d'ailleurs est assez belle, si je puis un jour m'y faire un nom.

En attendant que nous arrive le tant désiré courrier de France voulez-vous que nous fassions le soir, à nous deux, un cours de littérature intime? sachez que, grâce à Zaroff, j'ai en main les éléments d'une vraie chronique.

— Une chronique sur l'*Astrolabe*, que voulez-vous dire?

— Rien de plus clair: Le bon petit mousse a ramassé pour moi toutes les paperasses balayées dans la nuit d'agonie, chez mon oncle. Je les ai recueillies.

— Comment, comment! c'est très grave cela, Louis? Lire les papiers de Dumont-d'Urville à son insu, je n'approuve nullement. Je n'y participerai pas!...

— Mais puis qu'il les a jetés?...

— Qu'importe! Il les a jetés pour qu'on les détruise.

— Ce sont les mémoires intimes du Commandant ; des feuilles détachées, des bribes ; rien ne s'enchaîne.

— Encore une fois, qu'importe le peu de valeur des écrits ? En les jetant, le capitaine n'a certes point permis qu'ils devinssent un aliment de curiosité indiscrète pour les habitants de l'*Astrolabe*.

— Je crois que vous poussez un peu loin la vertu de discrétion, mon digne Père. Je lèverai vos scrupules. A première occasion je dirai la chose à « mon oncle. »

— A la bonne heure... S'il vous autorise à lire avec moi ce qu'il destinait au feu, je serai votre auditeur attentif, mon cher enfant...

. . . .

3/2. 1838. — Deux mois de repos dans cette belle contrée du Chili ; c'est un charme, un délice ; un avant-goût de l'éternel printemps. Je connais des gens, en France, qui rêvent de passer leurs jours dans la planète de Jupiter, mieux encore de Vénus !... Pas besoin n'est qu'ils aillent si loin ni si haut... [Je leur conseillerai de faire voile pour le Chili, seulement...

Nos malades se rétablissent à vue d'œil. Les naturels, ici, sont hospitaliers et bons ; leur accueil amical enchante nos marins, peu coutumiers à bord de mollesse et d'intempérance.

Ils ont à Talcahuano tout le bien-être souhaitable. Grâce aux bons souvenirs laissés par le

Commandant à ses autres voyages, tout le monde s'empresse à nous obliger.

Nous laisserons ici le scorbut, ce fléau des armées de mer, dit le chirurgien de seconde, si le Commandant nous accorde une quinzaine de plus au mouillage, pas un seul malade ne remontera sur les navires ! »

Certes ! avec cette parole, M. Charles obtiendra du maître tout ce qu'il voudra... D'autant plus que le courrier de France est en retard ! En retard pour ce fait que l'escadre est en avance ; et qu'à Paris on nous suppose à peine arrivés au Chili...

Près des indigènes on se croirait en Europe ! Ils aiment la France, ils nous empruntent quantité de nos usages ; les femmes, des modes gracieuses, élégantes même. Les hommes fraternisent avec nous, ils nous aiment et nous en donnent journellement des preuves.

. . . .

12/2 — 19 — J'ai parlé à mon oncle de ses vieilles paperasses : il m'a tiré le bout de l'oreille, comme faisait dans ses bons moments, Napoléon, disent les mémoires de Bourienne.

Mais, ne voulant pas exposer Zaroff à une réprimande que seul je méritais, j'ai simplement sondé le terrain :

— Si vous désapprouvez que je prenne connaissance des papiers mis au panier, pendant les jours néfastes où nous étions près du Pôle-

Nord, diles-le, Commandant, et je brûlerai
tout, sans miséricorde.

— Pour votre gouverne, Monsieur mon peintre, je devrais vous enjoindre de suite l'*autoda-
fé* dont j'avais laissé le soin à Zaroff.

Que signifie cette curiosité-là, quand il y a
tant de travail ici pour les acteurs, et pour les
spectateurs comme vous ?

Je sais bien qu'on ne peut pas toujours peindre, Louis ; mais tu n'es pas au bout de ta ré-
vision classique, je pense ?

— Non, Commandant ; tout de même l'étude
marche bon train et mon crayon aussi...

— Au fait, je suis toujours content : M. Charles dit qu'avant notre arrivée au Pôle-Sud, tu
n'auras plus guère besoin de leçons suivies.

Tiens, Louis, prend ce manuscrit ; là bas
sous ce vitrage, à gauche...

Si je parviens au repos de la vieillesse, bien
des circonstances politiques auront changé en
France... et je pourrai publier ce mémoire...
D'ici là, je ne vois nul inconvénient à ce que
des lettrés tels que l'aumônier et le peintre de
l'Expédition en prennent connaissance.

Cette primeur aura pour vous deux, une saveur que n'y trouveraient point des indiffé-
rents...

Brûle tous mes chiffons : et quand lecture
sera faite du manuscrit, tu me le rapporteras...

Tel fut le résultat inespéré de mes aveux.

Trois jours après, la bien-venue du courrier
d'Europe remis par le consul de France à Dumont-d'Urville, causait à tous nos voyageurs
cette ineffable joie de communiquer avec leur
famille, non seulement par la pensée, le souvenir, l'espérance et la prière, mais encore par le
précieux échange de lettres : échange d'autant
plus doux qu'il est plus rare !...

Les lettres de madame d'Urville et de son fils
mettaient en belle humeur Dumont-d'Urville
pour un temps indéfini !...

Nous appareillons pour de nouveaux rivages...

— Cap sur l'Ile *Juan-Fernandez* ! crie le pilote, qui a repris avec sa barre son air de parfait
contentement. En voilà un de marin ! ! ! quelle
vocation incrustée au plus profond de l'âme !

L'escadre largue toutes voiles. Nous filons
comme l'oiseau dans l'air... Un vent tiède et tout
chargé de parfums nous aide et nous caresse.

Voici les archipels de l'Océanie bientôt signalés à l'horizon... Les Manga-Reva, Nouka-Hiva
Taïti la verte semblent bercés par les flots...

Mais ce n'est point ici que nos vaisseaux s'arrêtent, nous filons... sur Otahiti, la perle de la
cinquième partie du monde !...

Otahiti, pour Dumont-d'Urville fut, par deux
fois déjà, le plus hospitalier des rivages... Ses
souvenirs, ses travaux, l'intérêt de la campagne
qu'il poursuit l'y ramènent d'autant mieux que,

l'Ile enchanteresse entre toutes, est, au point de vue de la stratégie des circumnavigateurs français, un centre d'opérations, un asile après de laborieuses recherches.

Heureux habitants de l'Océanie ! Savez-vous de quel incomparable privilège vos climats sont dotés ?

Non, car vous n'êtes point voyageurs, et vous ne pouvez comparer...

Restés à l'état sauvage, au sein d'une nature enchantée, embellie comme à profusion de tous les charmes du printemps, je vous vois, tels que l'onagre du désert, dévorer vos richesses sans en apprécier la valeur !...

Pauvre pays ! Tout ravissant que vous soyez, il y a encore des anthropophages dans vos délicieuses vallées ! Vous mangez les Européens !.. et si je tombais au pouvoir d'un naturel de *Piva la noire*, il me mettrait sur le gril pour son déjeuner !...

Oui ! telle est encore la *Mélanisie* : l'Océanie centrale...

Dites-nous, ô Rousseau, dites, si vous l'osez, que l'homme de la nature est bon ! que la société seule rend mauvais et cruel... Vous l'auteur de l'*Emile*, étiez-vous donc ignorant à ce point, d'insulter l'histoire, la géographie, dans ce que ces sciences ont de plus élémentaire ?

Non certainement ; mais vous jouiez avec le paradoxe, vous vous faisiez une triste célébrité, en outrageant le sens commun ; et d'autres, cœurs légers aussi, mais têtes plus éventés encore, vous ont écouté, et vous ont cru sur parole, en mettant vos rêveries absurdes en pratique désolante !

Je sais bien que vous avez démoli vous-même l'édifice élevé par vos mains ; et qu'à Strasbourg, (lorsque de Berne vous allâtes vous réfugier à Londres) vous vous êtes déjugé ; vous avez déploré *publiquement* les résultats d'une éducation faite sur le calque de votre Emile.

— Malheureux ? avez-vous dit encore à ce *candide* Strasbourgeois qui vous présentait son jeune fils comme spécimen imbu de vos conseils ; « *Malheureux père ! laissez-là l'Emile et apprenez le catéchisme à cet enfant.* »

L'Emile ! c'est une théorie, ne le mettez plus en œuvre !

Voilà ce qu'a fait Rousseau...

Bien peu de personnes connaissent cet épisode, et il y a encore des dupes, pour admirer « *l'Emile* » et croire à ses absurbes conseils...

. . . .

C'est M. Charles qui m'appelle, et qui de loin me désigne cette terrible *Piva* « *l'anthropophagiste,* » qui a dévoré le Capitaine Debureau ! ! ! oh ! ! !

— Mais, dites-moi, Major, qu'est-ce que « La *Joséphine* » brigantin de commerce, mal défendu, allait chercher dans l'île Piva ?

Débureau était donc absolument sans armes,
pour se laisser massacrer, corps et biens, par
ces féroces mangeurs d'hommes ?...

— Personne n'en est revenu pour le dire, M.
Louis ; pas un homme de la « *Joséphine* » n'a
échappé au massacre !!!

« — L'heure de la justice est venue, et voici
la revanche, dit Dumont-d'Urville, ordonnant
le branle-bas de l'escadre...

.Canonniers ! à vos pièces ! et sus à Piva !!! »
Une décharche d'artillerie ouvre le feu. Les
bombes incendiaires sont sur le pont ; tout est
prêt,... ce n'est pas d'hier que d'Urville a résolu
de venger nos infortunés compatriotes, et l'honneur du pavillon français...

En même temps que la première canonnade
fend l'air, la grande cloche tinte, le tambour
bat la charge, tous officiers et matelots sont
sous les armes... L'*Astrolabe* et la *Zélée*, encore
qu'elles ne soient pas armées en guerre pour une
grande attaque, peuvent se défendre : elles vont
bombarder Piva, venger Débureau !

Tout notre arsenal d'artillerie occupe le haut-
pont : les canons sont braqués ; la batterie a
bonne mine ; torpilles, fusées, congrèves, grenades et bombes, tout est dirigé sur l'ile homi-
cide !...

— Le commandant va parler ! silence, écou-
tez !!!

Tout se tait à la fois, l'heure est solennelle.

Dumont-d'Urville d'un geste souverain s'avance du milieu de l'Etat-Major, et crie lentement, énergiquement ces mots :

Officiers et soldats français !

Le Crime de Piva est encore impuni ; Piva a massacré Débureau et son équipage ! Piva a dévoré nos frères ! leurs mânes crient vengeance ! Piva mérite la mort ! qu'elle soit incendiée et périsse à jamais !!!

« Canonniers ! mitraillez Piva !!! »

Aussitôt le feu repris pour ne s'arrêter qu'après avoir tout détruit dans Piva.

Lancés dans toutes les directions sur l'île maudite, nos projectiles incendiaires firent, en moins de trois heures, razzia complète d'hommes, d'habitations, et le reste.

Ce ne fut qu'en voyant fumer les derniers débris de la grande exécution et lorsque Piva présenta l'aspect d'un monceau de cendres, et de décombres calcinés, que le feu des corvettes cessa.

La France était enfin grandiosement vengée..

Et Dumont-d'Urville dans son calme imposant, dit à monsieur Lesson : *quand on mange des Français, ce n'est pas du moins à la sauce blanche !!!*

Ce fut tout ; la justice militaire avait consommé son œuvre.

Pour attaquer Piva, nous avions laissé à gauche *Hamoa* et *Hapaï*, qui forment, avec l'île incendiée, le groupe des *Viti.*

— Cap sur les *Hébrides !* crie M. le *Second.*
Et le pilote vira de bord... Bientôt commença
l'exploration attentive des côtes : *Banks, les
nouvelles Hébrides, Hanoï,* etc.

10/5 — 38 — Nous touchons aux funestes brisants de l'ile *Vanikoro* où naufragea *La Pérouse*
en 1799.

Trois salves d'artillerie retentirent devant le
cénotaphe élevé par les soins de d'Urville à son
illustre et infortuné prédécesseur. Nous passâ-
mes, en répondant : *Amen !* aux prières que
notre aumônier récitait à genoux pour nos frères
disparus avec *La Pérouse !...*

— C'est là, qu'en 1828 j'ai failli périr avec
l'*Astrolabe*, dit d'Urville.

— Alors, Commandant, je vais chanter un
Te Deum, dit le Père-Jean.

— Non ; dites-le seul à voix basse ; pour bénir le Ciel qui sauva mon navire, mais ici pas
de chant !... Respect aux mânes de *La Pérouse !*

Tant que nous fûmes en vue du monument
funéraire, d'Urville resta debout, la tête inclinée
et découverte...

11/5 Nous fuyons le voisinage de *Vanikoro*
comme on fuit la peste !...

Un brusque changement de température,
l'air salubre de la haute mer, nous poussa vers

une île sans importance et sans nom, qui est, je crois, aux Anglais.

Enfin, enfin, nous touchons par les yeux, aux doux rivages d'Otahiti ! Heureux changements d'aspect, riante plage de l'île tant vantée, je te salue de loin. Là, nous serons reçus comme des frères. *Pomaré* II et ses sujets acclament avec transport le Capitaine et son équipage.

D'Urville est une ancienne connaissance pour la reine qui le reçoit en ami, sans pour cela rien omettre des honneurs qu'elle fait rendre dans son île au grand marin.

Non loin d'Otahiti, dans l'île *Guaham*, et ses agréables parages, il y aura, dit M. Charles, de grands travaux hydaugraphiques à achever ; Dumont-d'Urville, en 1828, n'ayant pu que les ébaucher.

— Entre Otahiti, les *Mariannes* et les *Carolines*, nous serons retenus de longs mois ; car il y a beaucoup à faire et de grandes provisions à glaner, au profit des sciences naturelles.

Ces parages sont encore plus riches que Botany-bay, la terre de Van-Diémen, et la longue chaîne des petites colonies anglaises.

La flore d'Otahiti est d'une richesse incomparable.

D'Urville a chanté celle de Santorin ; celle de Guaham est, paraît-il, non moins digne de l'admiration du monde savant.

20/5 — 38 — Devant retourner au mouillage d'Otahiti quand nous reviendrons du Pôle-Sud, le Commandant nous annonce que nous y séjournerons fort peu...

Tant pis ! je le regrette. Mais c'est à l'île Guaham qu'il importe à l'expédition d'opérer présentement ; cette île étant le point central des investigations scientifiques.

D'Urville et *Pomaré* ont échangé des présents selon l'usage, mais l'équipage étant resté à bord pendant notre courte station, je n'ai point aperçu la reine.

Ce sera pour plus tard...

Chemin faisant mes cartons se remplissent, mon album s'enrichit de marines nouvelles. L'abbé Janick semble ravi, chaque fois que je lui présente une planche inédite ; d'après lui c'est toujours la dernière qui est la mieux réussie !...

Hélas ! retrouverai-je à notre retour en France, l'incomparable amitié et la bienveillante protection qui me soutiennent si chaleureusement ici ?...

21/5 La savante nomenclature des entomologistes et des naturalistes relativement à cette belle Océanie pouvant se trouver partout, je ne m'amuse pas à relever ici la description qu'on peut lire ailleurs, je n'écris ni pour les marins, ni pour les savants ; j'écris pour moi, pour ma

famille et surtout pour mon père... Ce n'est que
le journal d'un ignorant ; et je renvoie aux
ouvrages complets de Dumont-d'Urville, tous
ceux qui prennent plaisir à l'histoire des voyages autour du monde.

A chacun sa spécialité, comme dit lePère-
Jean, dont je ne cesse d'apprécier la raison et
l'esprit.

De loin j'admire ces fleurs, ces oiseaux, ces
plantes merveilleuses, ces herbiers si riches,
dont mon *oncle* fait ample provision pour l'Europe et son fils... Et je me tiens pour satisfait
de peindre ce que les autres contemplent savamment, et classent avec la plus ingénieuse patience.

Leur adresse tient du prodigue !...

En restant chacun à sa place, on met tout le
monde d'accord. »

C'est peut-être là une vérité de la Palisse,
mais pourtant, si faire se pouvait dans la vie
sociale, il y aurait bien plus de gens heureux.

« — Je m'amuse énormément à vous voir
crayonner, Louis, me dit hier le Père-Jean.

Vous procédez par inspiration, et vos procédés vous sont personnels.

C'est de la peinture romantique et non classique que vous faites...

— On me le disait naguère, quand au collège,
je prenais à peine garde aux conseils des maîtres. Aussi me communiquait-ils peu de chose.

— Vous êtes né peintre, je vois bien cela ;
vous dessinez d'instinct, comme l'oiseau chan-
te.

— Absolument vrai, cela, je n'ai jamais pu
m'astreindre aux règles consacrées par l'usage.
Ainsi, à tout élève on fait dessiner la bosse ;
nez, bouche, œil, menton ; la tête enfin.

— Mais sans doute, c'est la base de l'art, l'A
B C du dessinateur.

— Eh bien ! non, je n'ai pas pu m'y mettre.
C'est peut-être pour cela que, malgré ma bonne
volonté à l'égard de mes deux élèves, je ne suis
pour eux qu'un professeur incomplet... Je voudrais leur insuffler ce que je sens, ce que j'ima-
gine ; mais pour le faire avec méthode je ne
sais pas m'y prendre. Je dessine devant eux,
c'est bien plus démonstratif, me semble-t-il. »

— C'est cela, vous vous peignez au naturel.
Je parie que vous avez crayonné de gentils batelets avant de savoir lire et écrire.

— Oui, c'est comme vous le dites, un don naturel.

— Comme d'Urville est né naturaliste et linguiste, il a trouvé cela et bien d'autres choses
dans son berceau !

CHAPITRE X

2/8 — 3/8. — Depuis trois mois je n'ai pas touché ce journal ; mais qu'importe, j'aurais eu peu de choses à dire ; car *mon oncle*, plongé dans ses multiples travaux d'exploration, sur tant de points à la fois, se montrait à peine à nous, et parlait moins encore...

« Le Commandant fait sa moisson et rentre ses récoltes », disait l'autre jour M. Charles. Et, poursuivant la pittoresque comparaison, le Père-Jean a riposté : « Absolument comme les grands propriétaires, absorbés par leurs richesses, et le rendement des fermages de leurs terres. L'expédition d'une part, ses conquêtes de l'autre, l'image est complète autant que gracieuse ».

Moi, j'écoutais sans rien dire, en jouissant, comme un vrai satrape, des loisirs que me fait la belle Océanie.

Ne faut-il pas reprendre des forces pour mieux recommencer la lutte ?.....

15/8 — Si je m'attachais à noter ici tous les mouillages de l'escadre, je ferais œuvre de géographe ; ce n'est pas mon affaire. Peintre improvisé par Dumont-d'Urville, je remplis mon journal d'improvisations littéraires, quand l'occasion se présente... Absolument comme mon album de crayons.

Je viens de lire sur la peinture, une page qui me plaît ; je la copie ici pour en garder mémoire.

« La peinture ! éloquente description des
« lieux qui nous entourent, gloire à toi ! Sans
« parler, tu dis tout ! eh ! de quelle supériorité
« jouit ton art expressif !...

« La peinture ! c'est l'histoire pour tous...
« Elle raconte à ceux qui ne savent pas lire ;
« elle parle toutes les langues ; l'univers visible
« est son domaine. L'ignorant et le lettré la
« comprennent ensemble, bien que différem-
« ment. Elle s'adresse à tous ; le sauvage n'est
« pas son moindre admirateur... s'il ne sait pas
« expliquer et juger ce qu'il voit, n'importe ; il
« suffit qu'il regarde !...

« De même que la musique, la danse, la

« sculpture, le peintre s'adresse à tous... tandis
« que les livres, la science, parlent au petit
« nombre : à ceux qui savent lire...

« Et cependant, ô littérature ! tu primes tous
« les beaux-arts ; tu en es la mère et l'inspira-
« trice, la peinture est leur reine...

« Mais le livre, haute expression de la pensée,
« la poésie, sœur aînée des muses, possèdent
« aussi le don de peindre. Leur domaine a
« moins de surface et d'éclat ; mais leurs ra-
« cines, plus profondes, pénètrent les intelli-
« gences et civilisent les hommes...

« La peinture, ce livre populaire, peut égale-
« ment civiliser par des œuvres morales, et par
« les beaux exemples... Une dangereuse pein-
« ture peut pousser au crime !... Mais quelle
« œuvre sublime, un tableau de la vertu, de la
« sainteté, du patriotisme !

« Et pourtant, ô littérature, tu es parfois né-
« cessaire au peintre dont tu interprètes les
« intentions et le plan ; tandis que toi-même tu
« te passes de secours étrangers ; tu vis par toi
« seule, appuyée sur les réalités, invisibles à
« l'œil matériel, mais resplendissantes aux sens
« indéfectibles de l'âme humaine. »

Le Père-Jean qui a lu cette page, ainsi que
M. Charles, ajoute, en forme de conclusion :

Oui, la puissance des beaux-arts est formidable
soit qu'elle s'exerce pour le bien ou pour le
mal.

Malheur, trois fois malheur à la littérature, à la peinture, immorales et tentatrices.

Leur œuvre ténébreuse peut donner la mort, et ravager le monde moral ! mais, grâce à Dieu, ce crime quel qu'il soit, n'a qu'une force d'emprunt. Le monsonge n'a pas la vie ; il est éphémère...

Tandis que les bons livres, les bons tableaux gardent le privilège de la durée, comme tout ce qui est vrai.

« Aux œuvres qui corrompent, la corruption pour terme...

« Aux œuvres qui édifient, l'indestructible couronne de l'immortalité ».

M. Charles, mon digne professeur, le chirurgien de 2me est maintenant en tiers entre l'abbé Janick et moi ; il a pris la place de notre bien regretté Goupil !

Il se rapprocha quand le père, son bréviaire sous le bras, fut demandé à l'infirmerie par un nouvel embarqué d'Otahiti que je ne connais pas encore...

« Autant je déteste les faux philosophes, ennemis de la religion et du Christ, me dit alors M. Charles, autant je me dilate à écouter le philosophe chrétien.

Ce que formule le père Janick, je le pense. Mon cœur bat à l'unisson du sien ; mon âme s'identifie à son âme, quand il parle de l'enseignement impie, cette œuvre monstrueuse, digne des châtiments éternels.

Le châtiment social non plus, ne se fait pas attendre pour les grands malfaiteurs qui ôtent Dieu à la jeunesse. On ne bouleverse pas impunément les bases de la société ; et tôt ou tard, dès ce monde, le crime de l'impie éducateur retombe sur lui-même !

« Mais, mon cher Louis, faites-nous donc le portrait de l'Abbé ?

— J'y ai déjà pensé, M. Charles : hélas ! n'ayant jamais étudié le portrait, je ne réussirais pas. Il faut un travail préalable pour aborder « *la tête* » et une tête semblable ; je veux cependant essayer... plus tard...

Il se prépare un prochain branle-bas, nos loisirs sont finis... et la lutte s'apprête. L'heure n'est plus à peindre.

— Voici *Tonga-Tabou* ; encore une délicieuse plage. Je ne sache pas que le moindre combat nous attende ici.

La reine de Tonga, comme celle d'Otahiti, est une vieille connaissance pour Dumont-d'Urville ; nous allons être bien reçus.

C'est elle, cette petite princesse orientale, qui a renseigné le Commandant alors qu'en désespoir de cause, il y a neuf ans, il retournait en Europe sans avoir pu découvrir le lieu du naufrage de la 1re *Astrolabe*...

— Dans ce cas, il a dû conserver de cette reine un souvenir reconnaissant ; il s'arrête ici tout exprès pour elle ?...

— Pas du tout. L'escadre est à Tonga-Tabou pour un travail de longue haleine. C'est là qu'aura lieu l'hivernage.

— Que parlait donc Zaroff, hier, d'un autre *branle-bas*, et du détroit de Cook, où nous allions nous engager bientôt?...

— Vous aurez mal entendu, M. Louis. Nous devons rester à Tonga trois ou quatre mois avant de franchir le terrible détroit..... »

A ce moment, Zaroff interrompit l'entretien. Je dus suivre le mousse du Commandant qui m'attendait.

Mon oncle avait reçu, par une croisière, des journaux d'Europe et les nouvelles politiques de France.

Bien que fatigué par la goutte, il était fort calme. « Mon peintre, dit-il en m'apercevant, voici des feuilles périodiques que je viens de parcourir et que je t'abandonne, pour l'abbé et M. Charles. » Puis brusquement :

« As-tu fini la lecture de mes notes, Louis?...

— Commandant, je les ai lues seul d'abord ; mais j'ai annoncé à ces messieurs que vous m'aviez permis de les leur communiquer, et ce n'est pas encore fait ; j'avais tant à peindre !

— En effet, mon peintre, tu as énormément travaillé ; eh bien ! dépêche cette lecture à trois, faites-la au premier soir ; j'ai besoin de mon manuscrit pour la reine de Tonga qui parle et

lit le français aussi bien que toi. Elle veut aussi
connaître mon histoire. C'est une petite princesse fort intelligente, ma foi ; elle a un interprète qui ne l'est pas moins. Nous sommes de
vieux amis. A mes deux premiers tours du
monde, j'ai longuement stationné à Tonga. D'a-
bord avec *la Coquille*, ensuite avec l'*Astrolabe*,
il y a neuf ans de cela. Tu me restitueras
donc le petit manuscrit demain, s'il est lu,
Louis.

— Commandant, il le sera. Nous nous réuni-
rons ce soir chez l'abbé Janick. Y aurait-il inconvénient qu'Yvon et Pornic, n'étant pas de
service, entendissent notre lecture ?

— Oui, à cause de leurs camarades. Je ne veux
pas que mes matelots causent entre eux de ces
choses-là.

— Je dirai alors au Père de les occuper au
dehors ; ces deux Bretons sont toujours flan-
qués à sa porte ! c'est gênant.

— Naturellement, fit mon oncle, en riant ; et
il me congédia. »

Au coucher du soleil, j'allais rejoindre au
gaillard-d'arrière M. Charles et l'abbé à qui je
fis part des volontés de Dumont-d'Urville. *Père-
Jean* trouva aussitôt moyen d'occuper ses deux
aides de camp, (il nommait ainsi Pornic et
Yvon), et s'arrangea pour que nul autre indis-
cret ne vînt interrompre la lecture désirée.

Après la prière du soir et le dernier coup de

cloche, quand le service du bord se renouvelle
pour la nuit, chacun alla de son côté.

M. Charles et moi nous descendîmes chez le
Père qui ferma sa porte à double tour, mit l'a-
bat-jour à sa lampe, le rideau de *toile-à-voile*
devant sa fenêtre, et nous nous assîmes autour
de la table.

Ce fut alors que, tirant le précieux petit manuscrit de ma poche, je commençai notre lecture.

NOTES BIOGRAPHIQUES

DU CAPITAINE

Jules-César-Sébastien DUMONT-D'URVILLE

———

« A bord de l'*Astrolabe*, 1/9 1838...

« Je suis né en 1790, à Condé-sur-Noireau. C'est par un incendie que j'ai commencé l'apprentissage de la vie !...

« J'avais trois ans ; je jouais sous les yeux de mon père, cloué par la paralysie sur son fauteuil ; nous étions seuls, un faux pas me fait rouler devant la cheminée, et je tombe dans le feu qui était ardent.

« Mon père, paralysé, même de la langue, jette des sons inarticulés d'abord ; puis, il parvient à faire entendre ce cri : secours ! petit Jules brûle !... »

« Ma mère accourt, m'enlève dans ses bras étouffe les flammes qui m'enveloppent au risque de se brûler elle-même. Les domestiques la suivent, on m'inonde d'eau fraîche, on me sauve, on me panse ; l'une de mes mains, plus brûlée que l'autre, garde les traces indélébiles de la catastrophe.

« Heureusement c'est la main gauche.

« Et c'est moi, le petit brûlé, qui restai seul de neuf enfants !... Mon père homme de bien, s'il en fut, et magistrat intègre entre tous, faillit être victime de la Terreur, en 1794.

« Ma mère elle-même, admise à plaider la cause de son mari, bassement accusé et calomnié, devant le tribunal révolutionnaire de Caen, prouva dans un élan de pathétique éloquence, l'éclatante innocence de l'accusé !

« Il n'est pas de luttes que n'ait subies mon héroïque mère, et je ne sais quel chagrin lui fut épargné !...

« La vaillance lui était aussi naturelle que la douce vertu. C'est dans le sang des Croisilles. Beaucoup de mes ancêtres ont péri sur la brèche ; mais nul ne s'est rendu à merci.

« Toute sa vie, ma mère a montré de qui elle tenait.

« S'il y avait « *Les femmes de Plutarque* » ma mère en serait une ; ... malheureusement, *il n'y a que les grands hommes !*

« Mes frères aînés sont morts au service de la France ; ils étaient à Jemmapes, à Valmy. Ils étaient trois, engagés volontaires ; le plus jeune avait dix-sept ans. Toutes mes sœurs sont mortes avant l'adolescence.

« Après le décès de mon père, qui me laissa orphelin à six ans, ma mère se retira dans notre vieux manoir de Feuguerolles.

« Elle possédait près du *Cours d'Orne*, hameau calvadosien, une propriété assez étendue et fort solitaire, dont la maison, vaste et délabrée, n'excitait pas l'envie des accapareurs de châteaux ; c'était *Feuguerolles*.

« Mon oncle, l'abbé Bertrand de Croisilles, persécuté comme prêtre, vint nous rejoindre là ; et ma mère bénissant Dieu de pouvoir offrir à son frère un asile presqu'assuré, — grâce à nos cachettes souterraines, dans nos bois, nos fourrés et taillis, — ma mère confia à notre cher réfugié, le soin de m'instruire et de m'élever.

« C'est à Feuguerolles que sont restés les meilleurs souvenirs de ma jeunesse.

« Mon oncle était un savant de premier ordre, en même temps qu'un ecclésiastique pieux et saint. Il portait haut la dignité sacerdotale. Dès qu'il m'eut appris l'histoire sacrée, je pensais au grand prêtre *Melchisédech* en le voyant monter à l'autel, tellement il avait l'air imposant et recueilli.

« Savant comme un bénédictin, mon oncle avait le don très rare de communiquer la science en faisant aimer de passion, le travail à son élève. Linguiste, naturaliste, philologue, il voulut que je le devinsse et il y prit peine.

« Il me fit faire de si rapides progrès qu'à

douze ans, j'en savais autant, grâce à lui, qu'un écolier de seize.

« Nous parlions ensemble, grec, latin, français, espagnol et italien ; sans compter le *breton* qui me resta toujours cher.

« Dès l'âge de huit ans, le plaisir d'herboriser et le goût de la botanique furent si vifs en moi que mon oncle dut en faire un sujet de récréation et de récompense, pour ne pas entraver mes études classiques.

« Comme j'étais dévoré du désir de savoir, de connaître, d'apprendre toujours du nouveau, mes leçons allaient train de poste, et souvent il fallait modérer cette ardeur.

« Ma sage mère répétait toujours que les excès sont nuisibles ; elle m'obligeait à modérer ma course, et m'habituait à réfléchir. « Réfléchir !... » c'est un grand art que peu de gens possèdent à fond, disait ma mère.

« Mon oncle m'avait pour ainsi dire instruit en causant ; ce fut pour moi un immense chagrin lorsqu'il fallut changer de maître. Cette vie de travail entremêlé de scènes révolutionnaires, de fuites, de persécutions, de séjours parfois longs dans nos cachettes souterraines, où j'allais lui porter des vivres, de la lumière, et tous les soulagements possible, cette vie si pénible avait gravement altéré sa santé.

« Il tomba malade ; et d'accord avec ma mère, il me confia à l'un de ses amis que nous

avions souvent abrité à Feuguerolles devenu
l'asile préféré des réfugiés politiques du Clergé !

« La persécution contre les prêtres dura jusqu'au Consultat.

« Que de fois il m'arriva, lorsque je fus privé
des leçons de mon oncle Bertrand, de regretter
le temps où les paniques interrompaient brusquement mes études, sans pour cela faire ces-
ser le travail !...

« Alors que traqués, pourchassés comme bêtes fauves, nos amis trouvaient chez nous, dans
nos sûres cachettes, le vivre, le couvert, le feu,
et tous les soulagements que nous pouvions
leur procurer. Il y avait de bons moments.

« Quand le premier Consul eut rétabli l'ordre
en France, il s'entoura d'hommes éclairés et
instruits.

« Il rechercha, même parmi les religieux et
les prêtres, persécutés depuis dix ans, ceux que
leurs talents, leur science recommandaient à
l'estime générale.

« Peu après la promulgation du Concordat,
l'abbé Bertrand de Croisilles fut nommé cha-
noine de Cambrai.

« Mon oncle était guéri. Il partit pour Cambrai à mon très grand regret de ne plus le voir
sous notre toit. Et comme l'abbé Lecomte auquel il m'avait confié pendant sa maladie, déclara qu'il n'avait plus rien à m'apprendre, je
dus, à mon tour, me résigner à suivre l'ensei-

gnement public dans les cours donnés au collège de Caen.

« — L'éducation de l'âme, et aussi celle du
cœur de Jules, ne sont heureusement pas à recommencer, » dit mon oncle à ma mère. Et à
moi :

« — Te voilà préparé au combat de la vie ; tu
parles déjà de la marine. C'est une grande et
rude carrière. Parmi les de Croisilles il y a eu de
vaillants marins.

« Si tu deviens homme de mer, tu trouveras
dans ta vocation des exemples bons à suivre
dans ta propre famille.

« En ce moment, et par suite des boulever-
sements politiques, il y a peu de jeunes gens
qui aient poursuivi de fortes études, et surtout
des études spéciales.

« La société française dans les hautes classes,
a été décimée, persécutée, remuée de fond en
comble.

« Tout est à refaire.

« Les anciennes assises de la vie sociale,
brusquement détruites par la révolution, sont à
peine relevées ; et il faut du temps pour former
une génération !

« Toi, parmi les nouveaux, tu es un des
mieux préparés à recevoir l'enseignement supérieur et à en profiter. Ton début est solide :
quoiqu'il arrive, tes études futures ne pécheront
pas par la base. »

— Je n'ai jamais oublié ces paroles de mon oncle... Bien des années après quand elles me revenaient en mémoire, j'y trouvais une source d'émulation...

« Il est certain que ses admirables leçons furent les meilleures que j'aie jamais reçues ! Puis-je l'oublier ?

« Entre *lui* et ma mère j'étais à l'école des grandes âmes, des hautes vertus, du courage viril, de l'héroïsme.

« Tout cela si simplement, si naturellement que c'était passé à l'état d'habitude.

« Les circonstances terribles que pendant dix ans nous avions traversées y étaient sans doute pour quelque chose ; la lutte de chaque jour grandit le caractère. On finit par s'accoutumer à vivre au-dessus de soi-même ; le désintéressement du moi, le dévoûment généreux à la cause sacrée de tous, l'esprit de sacrifice ; c'est là, entre ma mère et mon oncle, que j'ai puisé ces sentiments qui plus tard devaient féconder ma vie.

« Je dus aller simple externe, aux cours du lycée impérial de Caen.

« Bien que très attristé du changement, l'amour de l'étude était trop vif en moi, pour que je cessasse de travailler avec zèle ; seulement je n'eus pas d'amis de collège.

« Il y avait trop de différence entre les habitudes d'enfance de mes camarades et les miennes.

« Je ne leur étais pas sympathique sans doute ;
ils me tenaient pour être de la race des ours, et
je ne fis rien pour modifier leur opinion à cet
égard.

« Elevé dans la solitude, dans la pleine liberté
des bois, j'aimais mieux en vérité le travail
isolé que ce vaste champ où se développe l'é-
mulation vulgaire.

« Ma mère, il faut le dire, encourageait en
moi, cette disposition à devenir « *loup* », parce
qu'elle redoutait les conséquences morales d'une
camaraderie où mon caractère, disait-elle, pouvait perdre sa forte trempe, sans compensation
équivalente.

« Quoi qu'il en soit, il m'est resté une certaine
âpreté de formes, et une rigidité de mœurs qui
éloigneront toujours de moi bien des gens.
C'est que, ainsi encouragé et influencé dans ma
famille, — où je trouvais les éléments préférés
de ma vie intime, — je ne souhaitais nullement
de devenir plus aimable : je veux dire plus at-
trayant dans les rapports journaliers avec les
jeunes gens de mon âge.

« A seize ans d'ailleurs mes classes étaient
achevées.

« En 1807, je venais d'atteindre mes 17 ans,
lorsque je fus présenté à Caffarelli, préfet maritime de Brest, par son frère qui était préfet du
Calvados.

« Accueilli très favorablement à Brest, Caffarelli m'admit aussitôt parmi les aspirants de la marine.

« Novice plein d'ardeur, je montai sur l'*Aquilon*, vaisseau commandé par l'excellent capitaine Maingon qui, par la suite devint l'ami dévoué de mes jours difficiles...

« Nous fîmes une campagne de onze mois : Ce fut pendant ce laps de temps que j'eus la douleur de perdre ma mère vénérée sans pouvoir lui fermer les yeux !

« Je dus, à la nouvelle de ce poignant chagrin, les premières marques de la vive sympathie, désormais inaltérable, du Capitaine Maingon, dont l'excellent cœur se rapprocha du mien avec chaleur et sensibilité.

« Quand le choc de ma douleur fit place aux sentiments plus calmes, je me remis au travail, et j'appris bien des choses utiles à la science du navigateur, sous les auspices du capitaine.

« Aspirant de première classe après examen préalable, je fus rangé, en 1810, parmi les officiers d'avenir. Je renvoyai tout l'honneur des encouragements que me donnait notre préfet maritime, à mon cher oncle de Croisilles...

« Il venait d'être nommé vicaire-général du diocèse de Beauvais. Je profitai de notre mutation réciproque pour séjourner quelque temps auprès de lui, et ce nous fut à l'un et à l'autre une fortifiante consolation.

« Mon oncle avait reçu pour me les transmettre

les vœux suprêmes de ma sainte mère ; il sut
adoucir mes regrets en me montrant le ciel.....
Le ciel qui doit de nouveau nous réunir un jour,
alors que nulle séparation ne viendra plus briser
nos cœurs !

« J'avais atteint ma vingt-deuxième année depuis un mois à peine, lorsque, le 28 juin 1812,
je reçus ma nomination d'Enseigne de vaisseau.

« Mon oncle avait souvent répété qu'il chan-
terait le *Nunc dimittis* à cette occasion, quand il
me verrait promu au premier grade d'officier de
marine.

« Je courus à Beauvais lui porter l'heureuse
nouvelle et mon brevet, afin de doubler sa paternelle satisfaction, mais aussi, pour le prier
d'attendre, pour chanter le « *Nunc dimittis* » que
j'aie rencontré la douce compagne de ma vie...
C'était de lui que j'aspirais encore à recevoir la
bénédiction nuptiale.

« — Hélas, Julien, je suis bien vieux pour espérer bénir le jour de ton mariage ; dit-il, en ho-
chant la tête.

« — Non, mon cher oncle, ce bonheur ne me
sera point refusé. Songez donc ! je n'ai que vous,
mon seul et dernier parent !...

« Priez le ciel de mettre sur ma route la femme
forte, aimante, fidèle, comme l'était ma mère !..
Moi, je vais tâcher de conquérir ce rare trésor
par l'accomplissement de tous mes devoirs...

« A vingt-deux ans, que la vie semble belle, riante et sereine ! Combien peu de chose, les menaces de la mer, ses périls, ses écueils et les naufrages mêmes !...

« C'est l'assaisonnement obligé de la vie maritime, pensais-je, dans mon inexpériente ardeur, les drames de l'Océan !...

« Eh ! sans luttes ni dangers, où serait le mérite, où serait la gloire ? La gloire, ce mirage de la jeunesse, qui trop souvent s'y laisse prendre !...

« Néanmoins quand je reçus l'ordre de me rendre à Toulon pour prendre mon nouveau service, je sentis une vive peine à mettre trois cents lieues de pays entre mon oncle et moi. — Voilà une douche glacée qui tombe sur ton enthousiasme, m'écrivait-il, en réponse à ma triste lettre. Tu espérais rester à Brest, l'obéissance te conduit à Toulon. Mon cher Julien, telle est la vie ; sachons en accepter les mécomptes ; et regardons toujours l'ordre des supérieurs comme l'expression des volontés du ciel... C'est ainsi qu'on se fait un mérite d'une résignation nécessaire.

« J'étais heureusement habitué, dès l'enfance, à remplir exactement le devoir qu'on me traçait. Il n'y a pas de plus grande force, ni de loi plus préservatrice dans l'ordre moral, qu'une vie captivée par le travail, sous le joug nécessaire de l'obéissance.

« Et quand à cela s'ajoute le vif amour du travail, sans cesse aiguillonné par le noble désir de *savoir*, afin d'occuper utilement sa place au soleil, eh bien ! j'en parle d'expérience, on peut résister aisément aux grandes tentations de la jeunesse comme aux revers de toute la vie....

« Le grand secret pour se sentir heureux, *quand même*, a dit un sage, c'est de vivre, tant qu'onpeut, pour les autres. L'égoïsme tue le bonheur en germe. »

« Toulon est un séjour agréable pour un jeune officier de marine ; un séjour trop agréable même. Je ne tardai pas à m'en apercevoir...

« J'étais Enseigne à vingt-deux ans ! Il y en avait peu d'aussi jeunes, alors. A Toulon il n'y avait que moi.

« A cette époque de guerre perpétuelle sur le continent, après Trafalgar surtout, la marine française était humiliée. L'Angleterre, reine et maîtresse des mers, jouissait orgueilleusement de sa domination, et l'heure n'était pas venue des expéditions scientifiques, pour nous ; car elles n'eussent point été sûres, et l'on n'y songeait pas. L'escadre à laquelle j'étais attaché, attendait de meilleurs jours pour la marine, et restait immobilisée dans la rade de Toulon. Des loisirs pleins d'impatience et d'ennui, trompaient l'activité et l'ambition légitime de nos marins.

« Une telle situation est moralement dangereuse pour tous ceux qui la subissent ; elle l'est, pour la jeunesse inexpérimentée, infiniment davantage.

« Je ne tardai pas à en avoir la preuve, et à me sentir obligé, d'honneur, à tourner ma vigilance sur des points inconnus....

« J'avais été admirablement accueilli, dès mon arrivée à Toulon, par les officiers du corps d'élite auquel j'avais le privilège d'appartenir.

« Les meilleures familles, les plus brillants salons s'ouvrirent devant moi ; je n'eus que l'embarras du choix, quand il s'agit d'accepter les flatteuses invitations, et les avances très empressées, qui assaillent en quelque sorte les officiers de marine, dans nos ports.

« A défaut d'un travail officiel suffisant à mon activité, tous les plaisirs, tous les passes temps du monde élégant, toutes les parties joyeuses venaient à moi en compensation et dédommagement des affaires.

« Comme bien d'autres, sans doute, je pouvais accepter comme *pis-aller*, cette attraction séduisante, et me laisser amollir par « les délices d'une nouvelle Capoue, » en me disant : « Ce sera peut-être un moyen de rencontrer plus tôt, de connaître plus vite *celle* qui doit un jour partager ma destinée !... »

« Plus d'un officier parmi mes jeunes collè gues, s'arrangerait fort bien de cette perspective, et se consolerait de manquer d'occasions d'avan-

cement en s'amusant beaucoup... « C'était fatal,
disaient-ils ; cela se passait toujours ainsi : »
et il n'y avait pas moyen de faire autrement sans
paraître absolument ridicule.

« Or, en France, pour fuir le ridicule, que ne
faisait-on pas en ce temps-là !...

« Pour moi, j'étais absolument rebelle à ce
raisonnement spécieux ; et j'entendais, quoique
l'on en pût dire, agir autrement.

« La danse, les grands dîners, le théâtre et les
fêtes, m'intéressaient infiniment moins que la
flore et la faune de la belle Provence ; moins que
la botanique, l'étude universelle des langues ;
moins que l'entomologie et tous ses accessoi-
res.

« Je me mis à herboriser, à battre les buis-
sons, à fournir de longues courses, les poches
pleines de livres.

« Et, après avoir décliné le plus poliment possible, toutes les flatteuses distinctions dont je
me vis un moment l'objet, mes loisirs se trou-
vèrent utilement remplis.

« Par les temps de pluie, et lorsque toute
excursion m'était interdite, j'avais chez moi,
outre ma bibliothèque bien fournie, des gram-
maires de tous les idiômes qui en ont une....

« Je m'étais donné naguère pour objectif, la
connaissance des langues des deux mondes. Le
champs était vaste, et je n'étais pas prêt de voir
s'épuiser la source de mon travail de linguiste !

« Devant cette attitude d'un nouveau venu, le cercle des officiers de toute arme me nomma : *Le hibou !*...

« Ce n'était pas précisément cela ; mon oncle m'ayant fortement conseillé d'être aussi sociable que mon naturel le comporte.

« D'ailleurs le *hibou*, puisqu'*hibou* il y a, devait faire acte de présence à toutes les réunions de la préfecture maritime ; partout où le devoir d'un officier de marine m'appelait « le *hibou* » se montrait donc, en tenue correcte, au bal comme à la corvée ; et je ne sache pas que j'aie donné à mes supérieurs le moindre sujet, de blâme à cet égard.

« Je ne restai pas tout à fait en dehors du monde qui s'amuse, puisqu'il fallait, d'office, en subir les lois ; mais je gardais un certain *quant-à moi*, non dans l'attitude, mais dans le détail de ma vie exceptionnellement retirée.

« J'avais dû, comme mes collègues, faire une tournée de visites, qui m'avait mis en relation de simple politesse avec toute la société toulonaise ; et je connaissais, pour les avoir admirées au bal, toutes les élégantes jeunes filles. La plupart étaient charmantes, quelques-unes épousèrent à ma barbe, des officiers de marine, qui sollicitèrent « le *hibou* » de leur servir de témoin à la mairie et à l'église, mais ce fut tout.

« Je dois avouer que mon extrême réserve à répondre aux avances de quelques familles, qui m'eussent dès lors ouvert leurs rangs, tenait à une double cause.

« D'abord, j'étais bien jeune pour m'établir, ma situation n'était pas faite, et les circonstances politiques offraient peu de sécurité.

« De loin, déjà l'invasion étrangère menaçait le sol de la patrie ; d'un moment à l'autre l'armée territoriale pouvait réclamer d'office, l'adjonction des marins... Depuis la guerre de Russie et l'anéantissement de la grande armée, tout allait à la dérive ; l'avenir inquiétait tout le monde.

« De plus, j'étais fermement résolu à ne conclure qu'un mariage très sérieux ; et je ne faisais pas même entrer en ligne de compte les avantages de la fortune et de la position sociale.

« La première condition, selon moi, d'une heureuse union, c'est la sympathie, non seulement des cœurs, mais des goûts, des idées, des habitudes, des natures... Or, il n'était point facile de rencontrer de telles harmonies, entre « le *hibou* » et les brillantes jeunes filles que je rencontrais aux fêtes de la préfecture maritime...

« D'ailleurs, au bruit du canon de Montmirail, quand l'étranger mit un pied vainqueur en Alsace, Lorraine, Champagne, mon patriotisme ne me permettait de penser qu'au malheur de la France... Je n'aspirais qu'à donner mon sang pour Elle !

« Enfin, le printemps de 1814 arriva. Nos princes français furent accueillis avec ivresse, surtout dans les provinces du Centre, du Midi, de l'Ouest.

« L'empereur de Russie, Alexandre 1er se vit l'objet de l'admiration universelle. L'autocrate dut être singulièrement flatté de tant d'hommages ; il se voyait l'arbitre de la situation. La Russie, depuis longtemps à la mode en France, le devint plus que jamais.

« La nation fut consultée ; elle acclama Louis XVIII avec transport.

« L'idée de ce retour de la famille Royale était depuis longtemps au fonds des esprits clair-voyants... Il nous fallait, à ce douloureux moment de notre histoire, un souverain doué d'un grand tact politique : tel fut Louis XVIII.

« Une régence, avec le roi de Rome, n'aurait pu contenir les esprits ; l'effervescence non seulement était générale, mais les dernières années de l'empire avaient lassé la France du régime impérial ; nous, les marins, en savions quelque chose !...

« Bref, Louis XVIII, roi de France, raillait à lui l'immense majorité : *le suffrage national*. L'empereur Alexandre, en reconnaissant le fait, ne fit qu'obtempérer au grand courant de l'opinion, cette reine occulte sans laquelle nulle autorité ne peut s'établir...

. . . .

« A la fin du mois de Mai 1814, je reçus l'ordre de me rendre à Palerme sur le vaisseau « *La Ville de Marseille* » pour recevoir, à bord de ce navire, le duc d'Orléans et sa famille, et les ramener en France.

« C'était une mission de confiance dont je fus d'autant plus flatté, que, pour un simple Enseigne de vingt-quatre ans à peine, la distinction dont m'honorait le gouvernement était un fait bien rare dans nos annales.

« Encore que cette courte expédition ne dût présenter en apparence qu'un but agréable à atteindre, elle comportait néanmoins ses difficultés, car il y en a partout...

« Néanmoins le Capitaine improvisé de « *La Ville de Marseille* » eut une traversée favorable. La saison était belle, nous eûmes vent de poupe, de Toulon à Palerme. Nons avons échappé à tout accident, et sans même rencontrer une croisière anglaise...

« Depuis les grands triomphes de Nelson, le voisinage d'un vaisseau Anglais nous était de mauvaise augure !

« Quant à moi, il va sans dire que je n'épargnai rien de tout ce qui pouvait rendre mon bord acceptable aux augustes voyageurs...

« Je m'ingéniais à prévenir les désirs de *dona Amélia* et de ses jeunes enfants, *Ferdinand* et *Louise d'Orléans*. J'avais trouvé au palais royal de Palerme, un accueil plein d'abandon, de confiance, et j'en gardais le meilleur souvenir.

« Pour le voyage de retour, le vent ayant tourné aussi, la navigation fut des plus heureuses. Quoique pas très-longue, elle le fut pourtant assez pour donner au duc d'Orléans l'occasion de laisser voir son esprit vif et brillant, et une réelle supériorité de carractère.

« Marie-Amélie ! l'aimable et bonne reine, la meilleure des épouses et des mères !...

« Le duc d'Orléans, qui portait son rang sans aucune morgue, mit tant de charme au moindre de nos entretiens du bord, que je ne saurais oublier l'agrément jeté par son Altesse sur le voyage à travers les eaux bleues de la Méditerranée.

« Malgré tous ses avantages, le prince était si simple, si parfaitement bon et bienveillant, que tout l'équipage de la « *Ville de Marseille* » se prit à l'aimer.

« Il racontait les tristesses de l'exil, les ennuis sans nombre que la politique impériale lui avait valus... Sa joie profonde de rentrer en France, de revoir Paris, de retrouver famille, amis, demeure et patrie !

« — Et vous dites, mon cher duc ajoutait dona Amélia, vous pensez que je préférerai bientôt Paris tout seul à l'Italie entière?...

« — Je n'en doute pas un instant; madona Amélia ! ripostait avec vivacité et conviction le duc d'Orléans. »

« En apercevant de loin les rives de Provence, le petit prince Ferdinand, (il avait quatre ans), battit des mains, et courut se jeter dans les bras de son père en criant : « Vive la France !!! »

. . . .

« A peine de retour à Toulon, je fis deux courtes campagnes ; la première à bord du *Suffren* ; la seconde sur le *Royal-Louis*. Puis encore une échappée sur l'*Alouette*.

« Ce fut tout ; mais dans l'intervalle de ces expéditions sans importance pour mon avancement, je fis à Toulon une rencontre qui devait fixer ma destinée.

« Pendant l'hiver de 1815, dans une fête à la préfecture de marine, j'avais dansé deux fois avec une jeune personne que je n'avais encore vue nulle part. Elle était d'une beauté rare ; et cette beauté dont elle semblait faire peu de cas, me parut en effet, le moindre de ses avantages.

« A peine eus-je causé avec mademoiselle Adèle Pépin, l'espace d'une demi-heure, que sa conversation attachante, l'harmonie de sa voix douce et chaude, le charme de son esprit cultivé, tout enfin me fit pressentir qu'elle serait, peut-être ! la compagne de ma vie...

« Néanmoins, devant prendre la mer au premier jour, et très occupé de mon départ, je ne cherchai point à connaître ni à revoir celle qui avait si vite captivé mon attention. Mais une

fois en mer, ma pensée revint à elle..... c'était
la première fois, depuis le deuil de ma mère,
que je recevais d'une autre femme une impression profonde et sérieuse...

« Au retour de la rapide expédition du *Suffren*, j'avais entendu citer M. Jules Pépin, fils
d'un grand fournisseur de la marine, comme un
jeune officier d'avenir, plein d'ardeur au travail,
d'amour de la science. On me le désigna un
soir, à la préfecture ; nous liâmes conversation ;
et je finis par savoir qu'il était le frère aîné de
l'admirable jeune fille dont la noble vision han-
tait ma pensée...

« Ce jeune officier qui attirait ma confiance
par une communauté de goûts, (il cultivait de
passion la botanique), devint en peu de semaines
un ami.

« Mais je ne vais pas vite en besogne, quand il
s'agit des choses sacrées de l'âme...

« Ma timidité aidant, je repartis, sur le *Royal-
Louis* sans avoir revu mademoiselle Adèle !...

« Ce ne fut que cinq mois après, au retour,
que je me renseignai à fond.

« J'acquis la certitude que mes pressentiments à première vue ne m'avaient pas trompé.

« Alors eut lieu ma présentation à la famille
Pépin par mon nouvel ami. Tout ce que je
savais de Mlle Pépin répondant aux vœux se-
crets de mon âme, j'avais écrit à Beauvais pour
raconter à mon oncle mes plus intimes pensées,

et les projets d'avenir qui grandissaient en moi, en y associant une femme d'élite.

« Mon oncle toujours préoccupé de mon bonheur, me promit sa visite, pour le printemps, très prochain; lorsque, pour la troisième fois, j'embarquai sur l'*Alouette*, pour une circumnavigation de trois mois.

« Pendant cette rapide promenade sur les côtes de la France méridionale désertées des hommes, toutes mes vieilles hésitations, toutes mes craintes de fixer trop tôt ma destinée, disparaissaient, balayées par des considérations de la plus haute portée pour moi.

« Je voulais faire un mariage d'inclination et de raison; j'entrevoyais la possibilité de ce rare bonheur en épousant mademoiselle Pépin; et, s'il fallait la grande majorité des vingt-cinq ans accomplis pour en finir, eh bien! il ne s'agissait que d'attendre quelques mois.

« Dès mon retour à Toulon, j'écrivis en ce sens à mon oncle qui vint aussitôt en aide à ma timide réserve.

« Il écrivit aux parents de mademoiselle Adèle, en les priant de m'accorder l'estime et la confiance qu'un père, un unique parent, sollicitait pour son fils d'adoption.

« Cette lettre, enfermée dans celle que m'écrivait le bien cher oncle, devait être remise par moi à monsieur Pépin lui-même. Bien que

mon oncle s'expliquât à demi, il n'y avait pas
moyen de s'y méprendre.

« Si mademoiselle Adèle était déjà promise à
plus heureux que moi, on me le ferait entendre,
il ne me resterait qu'à renoncer aux espérances
encore secrètes que je nourrissais depuis plus
d'une année!..,

« A cette idée mon cœur se serrait...

« Sinon, je serais admis dans l'honorable famille à titre de prétendant et les choses iraient
d'elles-mêmes.

« Je remplis donc la délicate mission près de
monsieur Pépin, qui, après lecture de la lettre
de mon excellent oncle, me présenta à sa femme
et à sa fille.

« Le frère de Mademoiselle Adèle avait aussi
parlé de moi; on me connaissait.

« Dès cet heureux jour je fus traité en ami de
maison, avec cet abandon confiant qui est le
charme d'un intérieur de famille.....

« A mesure que je voyais Mademoiselle Adèle
au milieu des siens, je ne pus que l'apprécier,
davantage. Déjà je devinais en elle le germe des
vertus de ma mère!.....

« C'était bien là sa grande séduction... et le
jour où je vis couler ses pleurs au récit du mâle
courage déployé par ma sainte mère, alórs qu'elle
défendit, mieux qu'un avocat d'office, les jours
odieusement menacés de mon père, infirme!
je ne pus me contenir plus longtemps; il fallut

que mon cœur trahît son secret... il débordait!...

« C'était le soir, après souper; nous étions réunis dans le petit salon de madame Pépin autour d'un feu gai et clair.

« Les autres, avides de m'entendre raconter les scènes intimes de la révolution me questionnaient avec vivacité. Mademoiselle Adèle, silencieuse, pleurait doucement, laissant ses beaux yeux voilés par ses larmes exprimer seuls l'intérêt palpitant qu'elle prenait à m'écouter.....

« J'allai presqu'impétueusement vers elle.

« Ah! lui dis-je, que ma mère serait heureuse de vous nommer sa fille! Voulez-vous faire mon bonheur! oh! dites, je vous en prie. Ne pleurez plus, mais répondez-moi! Voulez-vous partager ma vie ?...

— Je le veux, dit-elle, oui, de tout mon cœur... J'espère être aussi la femme aimante, fidèle et dévouée.....

— Adèle! — Julien!.....

« Nos cœurs étaient trop émus pour parler.... mais nous étions fiancés!..... à jamais promis l'un à l'autre!.....

« Ils s'étaient tous levés. Jules Pépin me serra dans ses bras. M. Pépin embrassait sa fille, et Madame Pépin prenant mes deux mains dans les siennes, me dit dans une chaude étreinte : « Merci à Dieu qui me donne un fils de plus à aimer ?... Vous êtes digne l'un de l'autre, Julien et Adèle !..... »

« A ces mots je sentis mon cœur bondir d'une émotion nouvelle.

« Oh ! non, m'écriai-je, je ne suis pas encore digne de votre admirable Adèle ! mais je le deviendrai !

« Elle daigne associer son sort au mien alors que sans fortune, sans position faite, je ne lui offre que mon cœur. Mais j'avancerai !...

— Vous êtes jeunes tous deux, l'avenir est à vous ; Adèle aura bientôt dix-huit ans et vous ?

— Moi, vingt-cinq dans six semaines.

— Eh bien ! mes enfants, prenons cette date qui sera votre anniversaire de naissance, pour célébrer votre heureuse union. »

« M. Pépin, ajouta aussitôt : « Je vais écrire cela de ma plus belle main à Monsieur le Vicaire Général de Beauvais. Nous aurons la joie de le voir bénir l'union de son fils adoptif avec ma fille ! »

« Quels doux ressouvenirs se pressent sous ma plume, en traçant ces lignes ! Mais, ai-je le temps de m'y reporter ? Non ; courons à l'enchaînement des faits qui remplissent jusqu'au bord la coupe de ma vie !..... je n'ai pas le temps, moi, de cueillir les fleurs du chemin...

« Ainsi que l'avait projeté l'excellent père, notre mariage eu lieu le jour anniversaire de mes vingt-cinq ans révolus...

« Nous étions heureux ! et mon oncle eut la joie de donner sa bénédiction suprême, à deux

cœurs qui, devant Dieu et devant les hommes,
se donnaient l'un à l'autre pour jamais.

« A mon tour et depuis, je ne cesse d'en bénir
Dieu !...

« La réalité de mon bonheur a dépassé mes
plus ambitieuses espérances !...

« Mais hélas ! combien il a fallu que Madame
d'Urville fût *la femme forte* pour s'associer dignement, comme elle l'a toujours fait, à une
destinée aussi tourmentée que la mienne !...

« Quel trésor de courage, de pieux dévouement, d'abnégation d'elle-même !...

« Ah ! oui, le cœur de mon Adèle est fait tout
exprès pour me comprendre et pour m'aider !...
Cette vie, si souvent déchirée par la séparation,
cet incessant combat, partage habituel du vrai
marin, Adèle d'Urville en prend sa noble part
sans reculer, sans fléchir !...

« Désormais tu n'es plus seul ! mon Julien ;
« m'avait écrit mon oncle, dès son retour à
« Beauvais... L'ange visible que Dieu t'a choisi,
« remplacera pour toi toute la famille absente...
« Oh ! qu'elle soit mille fois bénie cette aima-
« ble Adèle qui veut ressembler à ta mère, et
« dont la jeune vertu est déjà forte et géné-
« reuse !..... »

« En effet j'eus bientôt l'occasion de voir à
l'œuvre l'intelligent courage de Madame d'Urville.

. . . .

« Je ne sais si les adversaires du « *Hibou* » me desservirent près du nouveau ministre de la marine ; mais je fus oublié à Toulon, depuis les débuts de 1816 jusqu'en 1819.

« Cela me semblait d'autant plus blessant que je n'avais absolument rien fait pour justifier une disgrâce.

« Oui, sans la douce et forte patience de mon Adèle, je brisais ma carrière !

« Ingrat que j'étais envers Dieu !... mon bonheur d'époux et de père ne me suffisait donc plus ?

« J'avais deux enfants, je les aimais passionnément... et pourtant, je l'avoue, il me fallait encore la mer.

« Madame d'Urville le pressentit la première. Elle avait compris que les heures fugitives du bonheur terrestre ne sont pas le fond de la vie de l'homme.

« Il est fait pour agir, dût-il en mourir... Je m'étais reposé deux ans dans les joies bénies du foyer... L'heure du réveil arrivé, j'aspirais au combat, et je voulais la lutte !... L'inaction me tuait, et j'avais vingt-sept ans...

« Enfin, lassé d'attendre, je résolus de donner ma démission, de rentrer dans la vie privée, d'aller, après avoir fermé les yeux à mon digne oncle qui s'éteignait, plein de jours et de mérites, sinon planter mes choux, du moins me retirer en Normandie, pour y enfermer ma vie dans l'étude, la littérature, la science *indépendante.*

« J'étais si complètement heureux dans mon intérieur que cette résolution suprême ne me coûta pas ; je le crus, toutefois.

« Mme d'Urville, plus clairvoyante, sacrifia notre intime félicité à l'honneur de ma vocation de marin.

« Je ne sais comment cela se fit, mais le jour même où j'allais lancer ma démission, une dépêche ministérielle m'arriva :

« Il s'agissait d'une campagne depuis longtemps rêvée... Explorer l'Archipel, la mer Noire, les parages peu ou mal connus de la Méditerranée orientale.

« Je recevais l'ordre d'aller rejoindre à bord de la *Chevrette*, le capitaine Gauthier, un ami ; il me sembla que je ressuscitais !...

« J'avais épuisé les richesses de la Flore provençale : celles de l'archipel Grec s'offraient à ma vieille passion de naturaliste.

« Je ne raconterai pas ici, comment je découvris le chef-d'œuvre de Phidias, à *Milo*. Je l'ai dit ailleurs... De cette légende contemporaine on ferait une bonne comédie en trois actes : le premier à Milo, le second à Constantinople, le troisième à Paris.

« L'expédition se termina à l'entrée de l'hiver, en 1820.

« Je fus chargé de lire à l'Académie des Sciences le compte rendu des travaux accomplis par l'Etat-major de la *Chevrette*.

« A ma stupéfaction, tout l'honneur, tout l'intérêt de la séance, fut pour l'épisode relatif à la découverte de la Vénus de Milo !...

« Ah ! que voilà bien l'inconséquence humaine ! Honteux en quelque sorte d'un succès si facile, et voyant, pour si peu, qu'on me faisait une réputation colossale, au point de devenir populaire en huit jours ! — je voulus prouver au monde savant que nous ne sommes pas des marins d'eau douce.

« Je publiai l'ensemble de mes travaux sur l'histoire naturelle, la botanique, l'entomologie, la géologie, etc., etc.

« Le roi, qui avait lu avec intérêt ce qu'il voulut bien qualifier, « l'œuvre utile d'un penseur et d'un travailleur émérite » me nomma Chevalier de Saint-Louis ; et le brevet de Lieutenant de vaisseau m'arriva en même temps que le grand ouvrage sur l'Egypte, don gracieux de sa Majesté.

« Accueilli dès lors parmi les membres de la nouvelle société de Géographie, qui se créait, je me liai bientôt avec l'un des fondateurs, le capitaine Duperrey, mon ancien camarade de collège.

« Il venait d'accomplir son premier tour du monde sur la corvette l'*Uranie* ; il rêvait d'entreprendre un autre voyage de circumnavigation plus important encore...

« Il y avait entre Duperrey et Dumont-d'Urville, tout ce qui constitue l'indestructible amitié : mêmes goûts, mêmes aptitudes, même résolution. »

« Nous élaborâmes un projet, à deux.

« Après avoir mûrement médité le plan, les détails, et le but de notre future campagne scientifique et exploratrice à travers les deux mondes, nous rédigeâmes, toujours ensemble, un mémoire qui fut présenté au ministre de la marine : le marquis de Clermont-Tonnerre.

« Il le lut, le compulsa, le discuta avec nous, puis finit par l'approuver sans restriction.

« C'était en 1822, je me reposais depuis deux années d'une expédition plus heureuse que fatigante, et puis les encouragements du roi enflammaient notre émulation.

« Le ministre fit équiper et armer la corvette « *La Coquille* ». Duperrey, plus ancien de grade, fut nommé Commandant ; je lui fus adjoint comme « *Second* ».

« L'Académie des sciences nous accabla de pressantes recommandations ; et, bien pourvus de tout ce qui, pouvait aider notre lointaine circumnavigation, nous appareillâmes à Toulon, le 11 août 1822.

« Madame d'Urville et nos quatre enfants restèrent à la Juliade pendant la durée de l'expédition.

« Ce fut un des meilleurs moments de ma vie
maritime. Les intéressants travaux de Garnot,
de Lesson, se joignant à ceux de Duperrey et
aux miens !...

« Quelle douce entente régnait entre nous !
quelle admirable sympathie entre gens de même
vocation ! Eh ! avec quelle ardeur nous travaill-
lions ensemble !

« Ah ! c'était le bon temps ! La jeunesse et ses
illusions nous faisait trouver la vie belle, facile, idéale...

« Et puis, j'entrevoyais pour la première fois,
cette enchanteresse Océanie, l'oasis merveilleux
du nouveau monde, qui promet des découvertes
infinies !

« Pourquoi faut-il que dans un tel pays les
hommes soient affreux, mauvais, anthropophages !...

« A travers ses nombreux archipels, ses îles
immenses ; sous un ciel auquel rien en Europe
ne saurait être comparé, l'Océanie fait rêver de
l'Eden !... Le navigateur subit, en ses parages,
une fascination enivrante qui n'est pas sans péril.

« Quel contraste entre ces plages, attrayantes
entre toutes, et leurs sombres habitants ! Pen-
seurs et philosophes, venez ici !...

. . . .

« Ce n'est point en ces pages intimes que je
recommencerai l'histoire scientifique de mon
premier tour du monde.

« Il a été publié, d'ailleurs ; et il a pris fin le 25 avril 1825. Jamais un si grand voyage de circumnavigation ne fut, je crois, plus favorisé, plus heureux, plus complet dans ses résultats utiles et féconds.

« Epidémies, tempêtes, naufrages, nous avaient épargné, du commencement à la fin de l'expédition. Sous ce rapport elle était sans gloire ; nous n'avions combattu ni contre les hommes, ni contre les éléments, pendant une durée de trois ans presqu'entiers... Tout avait succédé à souhait pour nos travaux, nos recherches, nos expérices, comme pour l'état général des santés, et le maintien de l'équipage. Cela tenait du prodige !...

« Avec quelle ineffable joie je serrai dans mes bras mes enfants grandis, embellis, et leur incomparable mère !...

« Ah ! pour savoir ce que vaut un tel moment, il faut avoir aussi goûté l'amertume de l'exil, les tristesses d'une longue absence, la dure privation du foyer !...

« Ce fut le 3 octobre 1825, que je reçus mon brevet de capitaine de frégate. Le roi daigna y joindre l'Etoile de la Légion d'honneur. J'eus un moment de satisfaction si complète qu'elle ne pouvait ni s'augmenter, ni durer.....

« C'était la médaille ! le revers fut un deuil...

« Nous perdîmes notre premier-né ! Jules d'Urville : le portrait de sa mère pour les traits du visage ; le mien au moral !

« Une telle douleur ne se décrit pas ! Il avait
huit ans ; tout en lui était aimable : que d'espérances, que de rêves, que d'amour, sur cette tête
d'enfant !

« Et Dieu, qui me l'avait donné me l'enleva !!!...

« Et ce fut encore du cœur de mon Adèle que
jaillit la grande parole : *Dieu nous l'a donné,*
« *Il le rappelle* ; *que sa volonté soit faite* ! »

« Oh! mon courage avait besoin d'un tel exemple! pour surmonter ma douleur *il a fallu
cela!* Mais quand une mère puise dans sa foi la
force et la résignation surnaturelle, comment
aurais-je pu murmurer ! Ne suis-je pas croyant,
moi aussi ?...

« Mais pourtant le chagrin du père était toujours là !... Il me creusait.

« Dix-huit mois après cette perte déchirante,
un second enfant me fut encore enlevé ! c'en
était trop ; je pliai sous le coup!... En vain mon
admirable Adèle s'oublia pour me consoler...
elle restait impuissante pour la première
fois !...

« Je tombai malade ; la science déclara qu'il
me fallait la mer, pour rompre la monotonie
de la douleur !... Et j'entrepris en 1826, une
nouvelle circumnavigation.

. . . .

« Mon voyage avec le Capitaine Duperrey était
de ceux qui en appellent d'autres. Je le savais,

néanmoins j'aurais voulu mettre plus d'intervalle entre les deux expéditions.

« Un concours de circonstances détermina le
ministre de la marine à hâter l'embarquement
de la seconde *Astrolabe*, destinée, — entre autres
missions lointaines, — à rechercher les traces de
la première de nos Corvettes qui porta ce nom.

« La France ignorait encore dans quels passages notre infortuné *La Pérouse* avait sombré en
1799. Je devais rechercher, dans les mers australes, les vestiges nouvellement signalés par
des navigateurs Anglais ; et reconnaître enfin le
lieu du naufrage lamentable qui avait englouti
La Pérouse et ses deux navires : l'*Astrolabe* et
la *Boussole*.

« Toutefois je repris la mer en nourrissant
l'espoir que cette nouvelle évolution se prolonge-
rait moins que la première. Il en fut tout autrement. Je l'ai décrit trop en détail dans l'un de
mes récents ouvrages pour y revenir.

« Ma seconde campagne de circumnavigation
universelle fut aussi pleine de périls et de luttes,
que l'autre avait été préservée et favorisée...

« Quand nous revîmes la France, en 1829,
mon équipage était terriblement éprouvé !... de
longtemps il n'aurait pu tenir la mer !...

« Sauf le naufrage sans espoir, nous avions
essuyé tous les désastres. J'étais atteint de la
goutte à l'état aigu.

« Mon état-major de l'*Astrolabe* n'était pas

mieux partagé ! plusieurs d'entre nous avaient perdu la vue !

« Ma première pensée, mon désir unique, — je le dis parce que Madame d'Urville partage tous mes sentiments, — fut d'obtenir du gouvernement les justes rémunérations que méritaient mes nobles compagnons...

« Pour moi je ne voulais rien ; je sollicitai avec véhémence ce que je considérais comme la dette de la patrie envers ses généreux serviteurs.

« Hélas ! je souffre d'y penser ! Le gouvernement resta sourd à mes premières instances.....

« Encore que le personnel entier de l'*Astrolabe* ait admirablement concouru à l'accomplissement de l'austère mission que j'avais assumée en 1826, lorsqu'en 1829, j'exposai au ministre ses titres à de justes rémunérations, je me heurtai à l'indifférence la plus inconcevable, et disons-le, la plus hautement blâmée par l'opinion publique.

« Je ne dis pas qu'il y eût dans cette injustice une mauvaise volonté systématique, puisque dix-huit mois après, à la veille de la Révolution de Juillet, mes amis obtenaient, à la fin, ce que j'avais réclamé pour eux !...

« Mais alors, au mois de Juin 1830, c'était trop tard !.....

« Le Bien pour être efficace doit se faire à propos ; l'effet était produit, et il fut déplorable !...

« Profondément attristé, blessé dans mes plus délicates susceptibilités, et voyant mes démar-

ches rester sans résultat auprès du ministère, je
m'étais retiré à l'écart; en dehors de toute com-
pétition comme des luttes de partis, j'étais étranger aux intrigues qui s'agitaient autour du gouvernement.....

« J'avais connu les horreurs de la première révolution; celle de 1830 me trouva plongé dans
les travaux ardus que nécessitait la récapitula-
tion de mon voyage.

« C'était un immense labeur qui ne pouvait
être achevé avant plusieurs années. D'autant
plus que déjà, j'avais entrepris le résumé général des voyages autour du monde; ce qui devait
me conduire à 1836!..... Je voulais mener cela
de front.

« L'amour de l'étude, et la passion d'agrandir
sans cesse le domaine des sciences qui ont trait
à la marine, ne peuvent se concilier en moi avec
l'esprit d'intrigue.

« D'ailleurs n'importe quel travail, dès lors
qu'il est sérieux, appelle le calme et n'aspire
qu'à la paix!.....

« Je vivais au sein de ma famille, dans ma retraite du quartier Saint-André-des-Arts; et tellement captivé par un labeur qui s'adresse plus
encore à la postérité qu'à mes contemporains que
quand l'émeute éclata, je n'y crus pas d'abord.

« J'avais voulu la solitude; à part quelques fidèles, de rares et précieuses amitiés, je ne
voyais personne... j'étais d'ailleurs souffrant

d'un accès de goutte, et Mme d'Urville captivée par tous les soins dont elle me comblait.

« Je fus tardivement informé ; je craignais déjà, — d'après le succès des barricades — d'apprendre la proclamation révolutionnaire.

« Quand Duperrey vint m'annoncer que le parti de l'Ordre se ralliait pour offrir au duc d'Orléans de se mettre à sa tête, je me repris à l'espoir que nous échapperions à la république, impopulaire en France par ses excès. Le caractère national ne se fera jamais aux véritables mœurs républicaines.

« Je dis à Duperrey : « La main de l'Angleterre est pour quelque chose dans cette catastrophe. » C'est aussi mon opinion, dit-il.

« Notre voisine prend sa revanche d'Alger ! »

« Trois semaines après, j'étais à peine délivré d'un terrible accès de goutte. Le roi pensait à moi pour la délicate mission que l'on sait, sur laquelle tant de bruits inexacts ont défrayé la curiosité publique à mes dépens.

« Il importe peu ! je suis d'ailleurs assez philosophe pour subir la calomnie comme Socrate accepta la ciguë !

« Dès que Mme d'Urville connut la proposition qui me fut faite de conduire Charles X et sa famille en Angleterre, elle me supplia de ne pas accepter, s'il y avait moyen de faire autrement...

« Mais j'avais pressenti que le roi se souvenant du voyage de Palerme à Toulon, en 1814, m'avait désigné, pensant que son choix serait agréable aux augustes voyageurs.....

« Certes, c'était une mission pénible ; je ne pouvais l'assumer qu'à regret.

« Aussi, après avoir exposé au ministre de la marine mon état de convalescence, et ma répugnance instinctive, lui demandant s'il ne pouvait me faire remplacer?...

— Non, me dit-il ; le roi ne l'entend pas ainsi, Commandant, il compte sur vous.

— Eh bien ! je me résigne ; *mais à titre de service gratuit...* »

« Le ministre m'avait compris. Il riposta vivement :

« Soyez tranquille, Monsieur d'Urville, que votre légitime fierté se rassure : On ne vous offrira rien. Vous allez remplir une mission d'honneur. — Voilà tout.....

« Je ne me mis pas en peine de ce que pourrait penser le public ; il me suffisait d'avoir placé ma détermination au-dessus des mesquines passions et d'un vil intérêt.....

« Je me rendis à Cherbourg pour prendre le commandement des deux navires américains mis à la disposition de la famille royale. C'étaient le *Great-Britain* et le *Charles-Caroll* ; ils appartenait à MM. Patterson ; je dus commander à un équipage qui n'était pas français.....

« Charles X se dirigea sur Cherbourg qu'il

avait choisi comme lieu d'embarquement. Il y arriva lentement, librement, conservant dans son attitude, le calme, la dignité, l'entière possession de lui-même.

« Je me rendis, vêtu en civil, sans aucun insigne, devant le roi ; et protestant de mon entier dévouement, je priai sa Majesté de dire où elle voulait être conduite.

« — A Porsmouth, Commandant d'Urville.

« La famille royale suivit son chef sur le *Great-Britain*, avec quelques personnes de sa suite, les serviteurs nécessaires.

« Tous les autres voyageurs qui accompagnaient l'Auguste exilé, montèrent à bord du *Charles-Caroll*.

« D'après mes ordres, mon appartement à bord, était disposé pour recevoir Charles X.

« Quant à moi, une tente sur le pont avec un lit de camp dressé le soir, devait me suffire. Il m'incombait une trop haute responsabilité pour que je quittasse le gouvernail.

« La mer était houleuse, le vent contraire, la traversée difficile. On eût dit un temps d'équinoxe avec des bouffées du *vent de foudre*.

« Il fallut louvoyer longtemps ; je n'étais pas sans inquiétude ; et si le terrible vent, précurseur des tempêtes, eût soufflé au départ, j'eus demandé un sursis !...

« Mais il ne s'éleva qu'au bout de quelques temps, vers le soir et par surprise. Je ne dormis

pas une heure pendant la traversée; et elle dura
six jours !

« C'est que le voyage de Cherbourg à Porsmouth n'est jamais commode, et ne peut être
court. Ce n'est point une traversée facile comme
celle de Calais à Douvres.

« De plus, j'avais affaire à un équipage étranger ; et je n'avais pour personnel français que
deux dévoués serviteurs, deux marins salés.

« La manœuvre marchait bien, mais on n'a-
vançait guère avec vent de proue! Le roi l'avait
compris ; ma vigilance inquiète le touchait.

« Chaque fois que Charles X désirait ma présence, je m'empressais de me rendre à ses ordres, avec la plus entière déférence ; il me té-
moignait une bienveillance parfaite.

« Sa Majesté et le duc d'Angoulême avaient
trouvé dans leur salon mon dernier ouvrage ; ils
ne le connaissaient pas encore.

— Monsieur d'Urville, me dit un jour le roi,
je suis aux regrets de vous connaître trop tard
pour vous prouver ma haute estime, et vous
créer amiral.....

— Comment se fait-il ajouta le duc d'Angou-
lème, qu'on ne m'ait présenté ni votre personne
ni vos ouvrages ?

« Prince, je ne suis pas un homme de cour ;
je me tiens à l'écart, et je ne sais solliciter
que pour les autres !...

— Vous êtes un homme de tête et de cœur,

monsieur, reprit le roi avec une grande bonté ;
je vous remercie de toutes vos attentions.

« Je n'ai plus que mes sentiments de gratitude pour reconnaître vos services ; croyez que
je les apprécie...

— Sire, c'est la seule récompense que j'ambi-
tionne...

« Je n'ai pas pu me joindre aux courtisans de
Votre Majesté, mais à présent je ne veux ne
m'épargner en rien...

— Nous le voyons bien, monsieur d'Urville,
et j'y suis sensible ».

« Le roi me dit encore de charmantes paroles,
qui, à mon tour, me touchaient... J'en avais besoin, car, sentinelle vigilante, et tourmentée par
de violentes douleurs de tête, j'avais passé cinq
jours et cinq nuits sans fermer l'œil, ni quitter
un de mes vêtements ! J'étais excédé, et même
écrasé de fatigue...

« Les côtes d'Angleterre dont il fallait éviter
les brisants dangereux étaient en vue; mais non
encore abordables. Le sixième jour fut rudement difficile ; et la mauvaise humeur de certains personnages à la suite de la famille royale
m'offensa !...

— Suis-je un Dieu pour disposer du vent ?

— Des mots irritants et blessants m'atteigni-
rent, alors que je faisais l'impossible pour mener à bien la scabreuse traversée !!!

« C'était plus que je n'en pouvais entendre,

dans l'état aigu de névralgie où j'étais, la patience m'échappa ; ce fut un éclair !...

« L'incident fàcheux, sans doute, fut commenté, envenimé et travesti. Je ne le relevai pas...

« Aussitôt ma mission achevée, le *Great-Britain* me ramena à Cherbourg.

« J'y débarquai dans un état à faire pitié ; mes amis m'attendaient dans de vives transes ; on craignait un sinistre !...

« Madame d'Urville accourut de Paris. J'avais une fièvre ardente ; presque le délire ! On s'inquiétait pour moi, et non sans motif.

« Ma première parole à l'issue de la crise : — « *La famille royale m'était confiée, et j'ai vu le moment où mon vaisseau allait sombrer !!!* »

« L'honneur était en jeu ; et j'avais gardé pour moi seul mes prévoyantes terreurs...

« Rentré à Paris, ma convalescence s'écoula dans une solitude qui me devenait de plus en plus nécessaire !...

« Le *hibou* reparaissait...

« Pas plus après 1830 qu'avant, les habitués des Tuileries ne me virent au milieu d'eux...

« J'avais besoin de calme, de silence et de paix... J'envoyai mon rapport officiel au ministre de la marine sur la traversée de Cherbourg à Porstmouth, et ce fut tout..... Un ami se chargea de l'expliquer...

« Je ne réclamais que la liberté du travail et le droit au silence.

Je ne voulais qu'être oublié ;... comptant sur un lointain avenir pour obtenir de l'histoire un jugement impartial (1) !...

.   .   .   .

« C'était une campagne de cabinet à fournir... Je dus y consacrer six ans... Ce n'était pas trop

---

(1) Nous avons lu dans les livres qui font autorité, le démenti formel donné par Madame la Duchesse de Berry aux paroles attribuées faussement à Dumont-d'Urville.

De plus son Altesse Royale, d'après les mémoires intimes du Docteur Ménière, officiellement envoyé à Blaye pour soigner la princesse, dément expressément tout ce que la malveillance avait imaginé contre d'Urville.

Son Altesse Royale dément également les paroles qu'on lui a prêtées à elle-même. Elle déclare que loin d'avoir eu à se plaindre de Monsieur d'Urville, elle ne peut que s'en louer ainsi que la famille Royale.

Les esprits impartiaux n'ont pas attendu cette loyale déclaration d'une princesse dont la franchise et la générosité de caractère sont connues de tous, pour épargner la mémoire de Dumont-d'Urville.

Il suffit d'ailleurs d'y réfléchir pour être convaincu que l'illustre marin, gentilhomme de *vieille roche*, serviteur respectueux de la monarchie, était parfaitement incapable de se livrer, à l'égard de l'auguste famille, à des paroles inconvenantes, dans la bouche d'un homme de cœur et de sens.

On conçoit aisément que les passagers à la suite de la famille Royale trouvassent la traversée des plus pénibles... Mais que de l'impatience on soit descendu à l'injure, à la défiance même, à l'égard d'un homme tel que Dumont-d'Urville, c'est plus qu'étonnant.

.   .   .   .

pour édifier le monument scientifique, complément d'une circumnavigation de neuf années (1) ! »

.   .   .   .

.   .   .   .

Telle était la fin des premières notes sommaires de Dumont-d'Urville.

Leur brièveté nous causa quelque regret. Néanmoins c'était beaucoup qu'il nous eût confié ces courtes et précieuses pages.

Je les lui restituai le lendemain avec nos meilleurs remerciments.

L'abbé Janik et M. Charles, qui aiment profondément mon oncle, et qui, avant cette lecture, ne savaient absolument rien de la genèse de leur *cher Commandant*, en veulent graver le souvenir au fond de leur cœur !....

« Asile plus sûr encore que la mémoire » ! se plaît à répéter mon *couple* d'amis...

---

(1) On sait que depuis 1830, d'Urville cessa d'écrire ses mémoires.

CHAPITRE XI

APRÈS L'HIVERNAGE

3/10. — 38. — Tandis que nous jouissons encore de l'hospitalité la plus complète à *Tonga*, j'ai dû mettre à jour mon travail officiel.

Mon album se remplit, et mes cartons se gonflent. J'ai plus de trente planches de moyenne grandeur. Je préfère ce grand format à celui qu'avait adopté M. Goupil. Mais les plaquettes qu'il a laissées en héritage à l'Expédition au début, sont d'une valeur artistique, toute autre que nos « *grands formats* ». Les précieuses plaquettes sont au nombre de vingt-six... Je les consulte quelquefois, je les admire toujours... Puissé-je atteindre un jour au talent de mon regretté prédécesseur !...

Dans nos soirées à *trois*, quand le temps ne nous permet pas de rester sur le pont, je peins,

tandis que M. Charles *tourne* et que l'abbé
prend des empreintes pour le compte de l'un de
nos savants, surchargé de besogne ; comme à
peu près tout le monde autour du *cher* Commandant.

« Si l'activité n'existait pas, Dumont-d'Urville l'aurait inventée. »

Il est fait pour agir et promouvoir un personnel immense... Quand on vit en mer dans son
entourage, il est facile de comprendre qu'il s'ennuie *à terre*...

Mon oncle a le *souffle marin*, comme d'autres le souffle poétique. D'Urville est bien plus
chez lui sur son vaisseau que partout ailleurs...
Et pourtant comme il sait goûter les joies du
foyer?...

J'ai ouï dire que les vrais marins sont géné-
ralement ainsi.

Sur l'Océan comme dans le domaine de l'Infini, tout est perpétuellement nouveau. Le navigateur ne connaît pas cette pâle monotonie de
terre ferme qui traîne partout l'ennui après elle...

Cela tient à ce que le marin joue chaque jour
sa vie en des luttes souvent gigantesques ; sans
doute la lutte invisible est la même en tous
lieux ; l'homme traîne partout ses misères et sa
chaîne... Mais sur l'Océan c'est comme à la
guerre : il faut, sous peine de périr, se défendre
sans désemparer !...

3/10. — 39. — « Enfin me voilà à flots !...

Toutes les inquiétudes mortelles se dissipent autour de moi comme la sombre nuit devant la souriante aurore...

Les admirables soins de mon oncle, de M. Charles et de mon cher abbé, m'ont rappelé à la vie ! Mais que de temps il a fallu pour me tirer de là !

Il y a près d'un an que je n'ai rien écrit, car dans les entr'actes de l'étrange maladie que j'avais, une seule chose me plaisait : crayonner ! C'est l'unique occupation qui ne me lasse jamais. Elle ne me fatigue pas davantage. Pour moi, peindre c'est vivre !

Je suis créé pour peindre, dit l'abbé, comme l'oiseau pour chanter !... Et mon *oncle* n'aura pas beaucoup de lacunes à combler dans l'enchaînement de mon œuvre. Le travail d'ensemble ne périclitera pas ; grâce aux croquis pris, à chaque importante occasion par mes deux élèves, je puis reconstituer les tableaux des drames de mer qui ont passé devant nos navires pendant que je pâtissais, en me débattant contre le mal...

J'ai bien souffert ! mais maintenant que tout est fini, je crois sortir d'un mauvais rêve !...

Mon pauvre père ! Quelle désolation eût été la sienne !... Quel désespoir pour lui, si la mort m'avait frappé !... Bon comme je le connais, il n'aurait pu se pardonner de m'avoir envoyé au bout du monde pour y laisser mes os!... Comme si je n'étais pas seul responsable de mon embarquement!

Comme s'il n'était pas volontaire, malgré les jours de ténèbres, de crises, de folles terreurs!..

Merci à Dieu encore une fois! Il a béni le dévouement de l'amitié si tendre de l'abbé, comme l'énergique attachement de mon cher oncle...

Je n'ai que mon travail pour prouver ma gratitude; je vais par mon zèle, réparer le temps perdu. Je travaillerai pour quatre, à présent que ma convalescence s'achève si heureusement.

6/12. — 1839. — Tandis que je me débattais entre la vie et la mort, l'escadre à fait un chemin énorme. Elle a franchi le détroit de Cook : elle a relevé plus de cent lieues de côtes : elle a fouillé les archipels les moins connus de l'Océanie, et l'exploration de ces beaux parages a duré cinq mois.

Tout cela s'est accompli en dévorant l'espace de huit à neuf cents lieues de mer.

Le *Père-Jean* vient de m'annoncer que nous approchons des zones où la découverte d'un petit continent est probable.

« La terre inconnue que *Ross* et *Wilkes*, après Louis-Philippe, ont pressenti, n'est pas loin d'ici! disait hier Dumont-d'Urville, qui de son côté calcule, médite, et prédit la découverte en question,

Grâce au ciel, nous marchons vers le *Pôle*
dans des conditions qui semblent favorables.
C'est la saison où le jour dure six mois! Le soleil ne se couche jamais alors aux régions antarctiques! Ici toutes les données astronomi-
ques, météorologiques que nous autres européens consultons ailleurs avec certitude, sont
plus ou moins déroutées. Le disque argenté de
la lune paraît à l'œil exercé, au sein d'un jour
éclatant; mais il est fort probable que l'expédition aura abandonné ces parages avant que
Phébé n'éclaire la nuit perpétuelle des six mois
d'hiver polaire.

Non, décidément je ne verrai pas le beau ciel
étoilé du Pôle... Mais avec un peu d'imagination, il est facile de concevoir en idée, de
quelle magnificence doit être le firmament cons-
tellé, quand le soleil est absent d'ici; c'est-à-dire
quand la terre est au point-sud de ses tourbil-
lonnantes latitudes.....

— Oui, la science l'affirme: entre le 120° et le
170° de longitude il existe un immense espace
encore inexploré.

Le Continent est là!

Ne laissons pas à *nos bons amis*, les Anglais,
la gloire d'une découverte qui ajouterait un fleu-
ron de plus à la couronne de Dumont-d'Urville!
c'est M. Hombron qui m'a dit cela.

Nos malades sont restés à *Hobart-Tow* où
aucun soin ne leur manque,

M. le Second sans être si gravement atteint
que je l'ai été, s'est alité pendant un mois. Il a
été guéri le premier, et assez vite, par bonheur;
car c'est toujours le Commandant qui tient coup
et remplace les absents!

Le corps médical l'adore, le Commandant! il
est si paternel pour ses malades du bord! Eh!
que dirais-je, pour moi, si comblé de soins et
de touchantes bontés pendant ces mois d'é-
preuves! L'abbé m'a conté qu'au moment où
ma tête en délire battait la campagne, Dumont-
d'Urville, triste et morne, assis près de ma
couche, pleurait comme un enfant!.....

Ah! c'est qu'alors M. Charles, veillant jour et
nuit près de moi, tremblait pour mes jours!
c'est que *mon oncle « désolé »* se reprochait de
m'avoir enlevé comme on enlève une redoute,
pour me transplanter sur l'*Astrolabe*... dans
l'espoir d'opérer ma transformation morale!...

Et c'est quand tout marchait bien, alors que
tout avait réussi, que le *grand opérateur* commençait à s'applaudir des succès de l'*Opération*
qu'il fallait me voir mourir!!! Oh! je comprends
ce que souffrait Dumont-d'Urville, à l'idée seule
de la crainte que lui causait mon danger...

Sa vive joie quand je fus hors d'affaire, je
m'en souviendrai toujours, pour lui en garder
une éternelle reconnaissance!...

12/10. — 39. — Coup d'audace et de génie!

nous cinglons en ligne droite vers le pôle. Le pilote crie : « Largue toutes voiles. » Nos ingénieurs hydrographes se préparent à faire attaquer les glaces antarctiques.

14/10. — 39. — Nous y sommes, et le travail redoutable commence...

Le Commandant annonce que, sous peu de temps, nous pouvons atteindre le cercle polaire même ; par 60° 30, latitude-sud, et 138° 81 longitude-est.

Avec son tact, en quelque sorte divinatoire, Dumont-d'Urville va marquer son passage, laisser son ineffaçable trace, non loin du pôle magnétique !

Quand cela ?.....

Ici, il n'est plus question de jours et de nuits ; mais nous avons nos montres, et l'aiguille marine. Nous comptons tout de même par vingt-quatre heures et l'aiguille de la boussole ne cesse de nous guider.

Mais quelle étrange sensation ! s'avancer, au milieu du silence éternel des parages inhabités ! Toucher aux extrémités du monde !!!...

16/10 — 39. — Le voilà ! il est signalé, le continent *du Pôle-Sud !!!*

Au bout de sa lunette, Dumont-d'Urville l'entrevoit et le salue !... Il a touché le but... Une immense clameur retentit.

C'est d'abord un colossal ruban de terre... Il s'étend à perte de vue. Il longe, de l'*Est à l'Ouest-Sud-Ouest*, la grande ligne du Cercle polaire.

Approximativement, la largeur du continent est de cinq à six mille mètres. Cette terre est couverte de glaces. Les neiges ont nivelé les cimes en laissant subsister les ravins, les pentes raides ; il y a des baies, des pointes ; l'aspect des lointains rivages présente de fantastiques dessins. Je peindrai bientôt tout cela.

Mais quand aborderons-nous ? Nous sommes loin d'avoir passage libre à travers les glaces et les banquises !... Avec quelle énergie persévérante travaillent ces marins au bras de fer ! rien ne les arrête ; rien ne leur résistera, sans doute ?...

Du haut du grand pont de l'*Astrolabe* s'offre un coup d'œil magique !... Cette terre est imposante, grandiose comme la mer...

J'aperçois maître Zaroff qui s'est élancé au grand mât, avec la souplesse d'un chat sauvage afin d'y voir plus loin !...

« M'sieu Louis ! me crie, en se balançant, le mousse espiègle, c'est pas vous qu'aborderez là ! y a des crêtes tout autour du continent... Ceux qui vivent là sont défendus ! Allez, c'est pas pour rire ». Et Zaroff se coula le long des cordages. Il avait vu tout ce qu'il voulait voir.

— Ceux qui vivent là ? dit le mousse, ce ne sont pas des hommes, je suppose ?...

20/10. — Quoique bien lentement, nous avancions vers la découverte du Commandant. Ce commencement de succès triplait le courage des matelots... Mais l'enthousiasme était redevenu silencieux.

On pressentait, sous ces nappes terreuses d'une blancheur terne et monotone, les redoutables difficultés de l'abordage.

La surface accidentée, hachée, tourmentée sous l'action du gel ou du dégel, semblait avoir subi de perpétuelles convulsions.

Çà et là des montagnes de glaces, se montrant comme des sentinelles avancées, protectrices majestueuses des rivages silencieux.

A mesure que les vaisseaux s'approchent du nouveau continent, la sonde rencontre des brisants : il faut procéder avec la plus grande prudence pour épargner à l'*Astrolabe* et à sa sœur, les formidables chocs qui pourraient fracasser les Corvettes !...

On va jeter des cordes à crampons, et lancer une *flûte*.

J'entends Messieurs de l'état-major parler d'un pont aérien : M. Vincendon-Dumoulin en donne le plan à M. Lottin, je les vois d'ici !...

Tout le monde voudrait aborder, mais personne n'a trouvé le bon moyen. Les ingénieurs se consultent...

Dumont-d'Urville, après les derniers efforts, se décide à tenter une lente exploration des côtes,

Le Commandant fit alors franchir à l'escadre une distance de cent cinquante milles... Mais quoi? Nous sommes partout entre les brisants et les banquises; ici tout est danger! faudra-t-il donc reculer en vue de notre conquête ?

. . . .

En vain les lunettes, braquées sur la terre désormais française, cherchent à découvrir une baie abordable !!! Ne fût-ce que pour un léger batelet ; on n'ose attaquer ; on jette la sonde.

D'Urville lui-même, avec ses yeux d'*Argus*, explore en vain le terrible rivage... Il n'offre que des périls.

Il faut pourtant se frayer une voie ?

— *Cap au Nord* ! ordonne le Commandant, et l'escadre s'éloigne... Cependant quelques hardis matelots demandent à tenter la périlleuse aventure... Une petite barque « *un Oiseau de mer* » vole et arrive je ne sais trop comment, à lancer un bâton ferré dont le crampon adroitement jeté s'enfonce dans les glaces de notre terre polaire.

Un cri de triomphe retentit : c'est la tentative de prise de possession. A cette vue les matelots s'encouragent entre eux.

Au moyen de crampons dont la courbe mord dans les glaces on essaie un abordage partiel.

Dumont-d'Urville veut monter sur le radeau, il va achever de conquérir une place-forte d'un

nouveau genre. Il décide la victoire !... En vain
le supplie-t-on de s'arrêter... On tremble pour
lui ; mais il n'écoute rien.

Dès qu'un crampon a porté et s'enfonce solidement dans la terre glacée, il y a moyen,
pensa-t-il, d'emporter la position de haute
lutte ; des câbles sont lancés ; du pont de l'*Astrolabe* les cordages partent, et adroitement
saisis sur le radeau, roulent jusqu'au continent ;
ils accrochent au poteau. On avance, on se risque. — Ils sont douze autour du capitaine. —
Dumont-d'Urville grimpe à l'assaut, **car** l'é-
chelle horizontale a plein succès...

Quelle périlleuse ascension et quel curieux
spectacle !

Et quand on pense que les acteurs de ce drame
s'exposent aux plus terribles aventures, et
qu'un coup de vent peut engloutir tous nos as-
saillants !!!

— Messieurs, s'écria Dumont-d'Urville, le
Pôle magnétique est-là ! au centre même de
cette grande terre désormais française.

— Vive la France ! crièrent d'une seule voix
les équipages.

Remonté à son bord aux formidables accla-
mations des deux navires, Dumont-d'Urville,
entouré de l'état-major, fit sous les yeux de nos
savants, la démonstration du problème qu'il
venait de résoudre.

Muet d'admiration, je pris alors le croquis du

tableau destiné à fixer la mémoire du grand
fait (1).

Le continent blanc n'est habité que par de
singuliers oiseaux à quatre pattes. Nos jeunes
marins bretons qui étaient à l'abordage, en ont
saisi quelques-uns et les ont rapportés sur l'*Astrolabe*. Il est douteux qu'on les puisse conserver, ces pauvres pingoins qui mangent de la
glace (pour tout potage) et ne vivent que de
neige ! La chaleur, même tempérée, les tuera.
Curieuse race d'oiseaux à quatre pattes et
deux courtes ailes, qui ne peuvent voler haut ni
loin ! Tous blancs tachetés de noir, avec des
yeux rouges, queue pointue, bec énorme et re-
courbé.

« Monsieur l'Aumônier, je vous apporte mon
oiseau que je viens d'attraper là-bas, dit Pornic au Père-Jean, assis près du bastingage, avec
M. Charles et moi. Voyez, il est gentil, il fait
pattes-mortes, comme un chien savant.

— Merci, Pornic, garde-le ; et tâche de le conserver en vie, si la chose est possible.

— Eh bien ! Père-Jean, s'il meurt on l'em-
paillera, pis v'là tout.

- - - - - - -

(1) On voit, dans le grand album peint par M. L. Lebreton, et déposé aux archives du Ministère de la Marine, cette remarquable planche où Dumont-d'Urville
découvre et signale le *pôle magnétique* au milieu de la
« *Terre Adélie* ».

— Pas si bêtes, ces bêtes-là ! fait Zaroff, qui s'en amuse : si on pouvait les mener à Paris, tout le monde courrait pour les voir sautiller sur les pattes de derrière. C'est drôle, ces pingoins-là ».

Soudain retentit le porte-voix : on accourt sur le haut-bord de l'*Astrolabe*. Bientôt l'état-major, au complet, se groupe autour de Dumont-d'Urville. Au silence des vents et des hommes, le Commandant prononce ces paroles, d'une voix lente et ferme :

« Mes chers et vaillants compagnons ! Vive le roi et vive la France !!! Nul explorateur ne nous dépassera ici ! La France règne au *Pôle-Sud*.

Cette vaste terre inhabitable aux hommes, va porter un nom français, un nom qui m'est cher entre tous ! celui de mon admirable compagne !

Messieurs ! saluons « l'*Adélie*. » Hommages à Madame d'Urville !... Une immense acclamation couvre ici la voix du Capitaine. Il reprend : « Sans elle ! sans son incomparable abnégation, je ne serais pas au milieu de vous !... Reconnaissance éternelle à celle qui, trois fois m'a permis de faire le tour du monde, en assumant sur elle-même nos charges de famille et le poids de la séparation ! »

. . . .

Une triple salve répondit aux paroles émues

du Commandant, puis, on roula par son ordre, un grand tonneau de Bourgogne qui fut aussitôt mis en perce sur le plancher de l'entrepont... Rhum, Rack et Cognac, après le vin de France, complétaient la bombance des équipages. Zaroff, faisant la distribution du biscuit de mer, mérite de figurer dans la planche à laquelle je travaille ; prenons la silhouette de Zaroff, elle en vaut la peine !...

Comme au jour d'heureuse mémoire où « mon Oncle » m'a fait « *peintre de l'Expédition au Pôle-Sud* » nous sommes, l'abbé et moi, compris dans la grande réunion de gala chez le Commandant, l'état-major fête la découverte de l'Adélie avec les vins d'Espagne et les liqueurs des îles : Dumont-d'Urville se plaît à redire que, s'il peut être, jusqu'au bout, le vieil éclaireur des mers, dans les deux mondes, c'est grâce à Mme d'Urville ; ensuite il s'écrie :

« Messieurs, buvons à la santé du roi et de la famille royale !... »

Et les verres s'entrechoquèrent au milieu des vivats joyeux...

Pour clore une série de toasts où personne ne fut oublié !...

« Je bois à l'heureuse fin de la Campagne ! dit d'Urville qui, en ce moment, semble oublier ses traverses ! »

Puis une bruyante décharge d'artillerie clôture la fête. Nos historiographes retournent à leurs études, l'abbé à ses malades, moi à mes crayons... Et nous voilà en marche sur Hobart-Town. Mais les navires ne s'y arrêteront que pour le réembarquement de nos malades, à qui le Commandant a voulu épargner les aventures de l'exploration du Pôle-Sud... Car, si nous avons eu bonne chance et beau temps, nous aurions tout aussi bien pu périr, et nous perdre dans les glaces polaires!...

Mon oncle, lui, est retourné à ses analyses et à ses hautes méditations.

CHAPITRE XII

L'HEURE TERRIBLE

31/10. — 39. — Je suis occupé à peindre, d'après les croquis de mes élèves, des maquettes relatives à la Nouvelle-Zélande, à la Terre de Van-Diémen, à l'entrée du détroit de Cook.

C'est Dumont-d'Urville qui a baptisé le détroit de Cook qu'il appelle : « *son sublime précurseur!* » et dont il a voulu éterniser la gloire!...

5/11 — 39. — Nos ingénieurs s'occupent à reconnaître la côte orientale des îles Loyalty, et la zône méridionale de la Louisiade; d'*Entrecasteaux* n'ayant pu explorer que le nord de cette île.

Ces messieurs continuent à recueillir et à encaisser des richesses merveilleuses variées à

l'infini, et dont profiteront un jour nos musées
français.

L'Océanie! c'est le pactole du trésor scientifique cherché par les naturalistes. Je cède ma
part de butin à M. Charles, à l'abbé, à nos
jeunes matelots bretons. Je m'en tiens à mes
marines.

« Une année moins rude et plus féconde succède pour nous à l'année 1838, constate M.
Charles, qui tient des notes très détaillées.

Si le début de la campagne a été terrible, la
conclusion n'en sera que meilleure, M. Louis?

— Tout n'est pas dit, mon cher professeur;
jusqu'à ce que nous touchions aux rives de
France, bien des catastrophes peuvent surgir
Qui sait si un naufrage subit ne nous attend
pas? Qui sait ce qui adviendra aux navires en
l'année 1840...

— Comment, Louis, fait le Père-Jean qui
survient à ce moment, et me menace du doigt;
comment! c'est vous qui doutez de la Providence! et après ce que vous avez vu! C'est mal,
mon cher ami, c'est offenser le ciel, manquer de
confiance ici!...

Et les anges, qui de France et d'ailleurs veil-
lent sur Dumont-d'Urville? et la protection ma-
nifeste qui couvre nos navires?... Et sainte
Anne, saint Julien, patron de l'*Astrolabe*?
Croyez-vous qu'il nous laisseraient périr, quand
chaque jour nos prières montent vers Dieu,

quand le saint sacrifice est incessamment offert
pour le salut des navires?...

Non, non, nous ne périrons pas, malgré tous
les dangers qu'il nous reste à traverser. Nous,
échapperons à tous les périls, quels qu'ils soient
j'en suis persuadé.

— Vous dites cela d'un tel accent que votre
confiance est contagieuse...

— Eh! les difficultés vaincues avivent le courage en face des difficultés à vaincre, mon cher
Louis. Dangers et naufrages, écueils et tempêtes, c'est l'honneur de l'Expédition d'en triompher... Vous savez :

Qui triomphe sans peine est vainqueur à demi !

— Je sais, je sais; mais je ne m'habitue pas
à franchir les abîmes, moi! Et voilà que nous
approchons du sombre détroit de Torrès!...

Ce sera d'après les prévisions du Commandant, le théâtre de la plus formidable lutte, que
ce fatal détroit, dans les défilés duquel tant de
marins ont fait naufrage! engloutis à jamais!...

— Eh bien! le Commandant s'arme pour
combattre; ce n'est pas le moment de céder à la
peur... Quand on vit bien, n'est-on pas toujours
prêt à rendre ses comptes?...

Dumont-d'Urville ne m'a jamais paru plus
calme, plus fort et plus serein... Imitons-le.

— Tenez, messieurs, voyez nos vaisseaux qui

s'avancent, fiers, pleins de courageuse ardeur, comme celui qui les commande!... C'est marcher à une fête que s'exposer ainsi à tous les périls. Pensons que le ciel nous contemple, il ne nous abandonnera pas tant que nous compterons sur son secours!.....

15/12. — 39. — Voilà donc le Torrès!... Entrée triste et sévère, sombre et majestueuse. Il faut peindre cela. Le vent s'arrête et semble s'éteindre... Donc, s'il tombe, c'est qu'il va changer. Profitons du moment d'accalmie, ce n'est jamais bien long.

17/12 — 39 — Deux journées difficiles, beaucoup de tâtonnement, preuve d'inquiétudes..... l'escadre flotte dans un silence qui dit d'éloquentes choses. Comment ne pas trembler, mon Dieu! puisque deux gouffres, cent fois plus redoutables que Carybde et Scylla, sont ici, à l'entrée du terrible détroit... D'Urville les a sondés, ces parages dangereux; il les connaît, il les a traversés deux fois... Donc il espère leur échaper vivant une troisième.

21/12... — Nous sommes au milieu du quatrième jour « *Attention!* » (c'est le pilote qui a lancé le mot.) Un bruit sourd et prolongé à l'intérieur de l'*Astrolabe* indique, je suppose, le choc sousmarin des quilles contre les blocs de glaces.....

Ces blocs nous mettraient en pièce sans l'habile manœuvre opérée à l'instant.

La première en avant, l'*Astrolabe* fraye la route... Elle serait engloutie avant la *Zélée*, qui la suit de plus ou moins près.

On dit que le Commandant parvient à dégager son vaisseau!...

J'entends de l'entre-pont, la voix du Père-Jean qui s'élève pour invoquer : Sainte Anne, protégez-nous!!!

Amen! répondent les Bretons.

Ah! le vent souffle avec force, et Zaroff s'écrie avec effroi: c'est « *le vent de foudre*! » nous sommes perdus! soudain, le bruit sous-marin redouble d'intensité; des secousses nous précipitent au sud, nous reculons. Mais! ce sont à présent des cris d'angoisse! Ah! je n'y tiens plus, je jette mes pinceaux pour courir sur le pont...

— Nous échouons!!! s'écrie un ingénieur, encore un coup de vent, le vaisseau va se fendre, sombrer!!! Tout est fini! Nous sommes perdus!

— Au secours, mon Dieu! Sauvez-nous encore! et Père-Jean s'agenouille à l'extrémité de l'entre-pont avec ses Bretons qui tirent leur rosaire. Je les vois! ils tremblent de tous leurs membres, les pauvres matelots!

O moment d'indicible épouvante! les navires jetés sur le flanc par « *le vent de foudre* » sont harponnés par les brisants de glace... Ils pen-

chent leur voilure sur l'abîme! je vois la *Zélée*,
autre *Prométhée*! attachée comme le géant de la
fable, et suspendue aux flancs des rochers de
glace!!! Nous aussi!!! Miséricorde, Seigneur!
le vent va nous précipiter dans le gouffre béant!
horreur! quelle torture d'envisager la mort
sous cet effroyable aspect!!!

. . . .

Affolé, sans voix et sans pensées, sous cette
poignante angoisse qui n'a de nom dans aucune
langue, je vis, comme à travers un nuage de
feu, Dumont-d'Urville, éperdu, ne pouvant rien
pour sauver son escadre périssant dans la tourmente, je le vis lancer un regard désespéré dans
toutes les directions, joindre ensuite les mains,
se découvrir, ployer les genoux, puis enfin jeter
un de ces cris de détresse suppliante, mais toute
puissante aussi; car c'est bien *l'acte de foi* qui
transporte les montagnes qu'elle exprime sans
parole.....

Pauvre capitaine! Il était fou de douleur de
voir périr son escadre sans que nul effort humain pût l'empêcher de sombrer dans le plus
atroce des naufrages!

Eh! quoi! tout le génie de l'homme échouer
devant un coup d'aile de ce « *vent de foudre* »
qui, d'une minute à l'autre, va tout broyer! et
les navires et les grandes espérances qui repo-
saient sur lui! Pauvre Dumont-d'Urville!

. . . .

Mais ce mouvement d'indicible adoration qui l'avait précipité à genoux, l'équipage entier l'imita...

C'est la mort qu'on attendait! C'est la vie, c'est la délivrance, c'est une brise de salut, qui chassa le *vent de foudre*, en moins de temps qu'il ne faut pour le décrire.

Oui! Alors que tous nous nous sentions perdus, perdus sans recours, et précipités invinciblement, par la fureur du vent et la force des glaces, Dieu daigna intervenir! Dieu tendit encore une fois la main à son serviteur humilié! Dieu, le maître des flots et des vents, fait taire le *vent de foudre*, nous sommes encore une fois sauvés!

Est-ce un miracle ou non, — ce jeu terrible des vents qui se combattent, pour délivrer ceux qui étaient perdus et les rendre à la vie?

Laissons toute discussion vaine pour adorer la main d'où part un tel bienfait! Eh! quand le soleil m'éclaire et me réchauffe, je ne demande pas s'il fait jour et si le thermomètre est au-dessous de glace.

N'est-ce point un bonheur ineffable, une force immense, que l'espérance ferme et la confiance sans bornes en Celui qui peut tout? Encore une fois, gloire à Dieu!

Ah! oui, bien dérisoire est l'orgueil de l'homme aux prises avec les plus formidables forces de la nature!

Mon Dieu! qu'il est à plaindre celui qui ne croit pas en vous et ne vous aime pas!

Il y avait tout cet élan, dans l'expansion de Dumont-d'Urville lorsqu'il étreignit dans ses bras l'abbé Janick qui pleurait de joie et de reconnaissance!

Le *Te Deum* fut chanté..... Cette magnifique inspiration ne fit jamais peut-être, un effet plus sublime et plus touchant aussi!...

C'est encore une de ces choses que la plume de l'homme est impuissante à décrire, l'audition d'un tel *Te Deum*.....

De même que la panique avait fondu sur nous, l'expansion de bonheur fut complète; et à mon tour, quand l'abbé vint me serrer dans ses bras, sans faire autre chose que sourire et pleurer, je lui dis, en partageant son doux émoi:

« Père-Jean, qu'avez-vous promis à sainte Anne d'Auray, et quel *ex-voto* irons-nous lui porter ensemble, quand nous retournerons en Bretagne?...

— *Nos cœurs!* mon cher Louis, rien que *nos cœurs!* Ce serait chose dérisoire de ne lui brûler que des cierges, après qu'elle vient de nous obtenir une si éclatante délivrance et de nous rendre un millier de vies!!!

— Sauvés! M. Louis, sauvés par enchantement! C'est ça qui est beau! vint me dire Zaroff, en me montrant du doigt les *Mollusques* devant

lesquelles passaient rapides, l'*Astrolabe* et la
Zélée pour arriver enfin, après un long sillage
sur le Pacifique, aux délicieux rivages d'Otahiti.

Nous étions au mouillage d'Otahiti, le 30 Juin,
1839 qui correspond ici, au 30/12 de la même
année.

31/12 — 39. « Salut! Otahiti, la perle de l'O-
céanie, l'île enchanteresse par excellence. Pour
arriver à toi, nous avons traversé l'Océanie
centrale : la cruelle Polynésie, les îles Gam-
bier, Mangaréva, Fontowna et les redoutés parages de l'archipel dangereux.

Otahiti, tes mœurs sont douces comme ton
climat ; tu aimes la France, et tu en es aimée !
La France te protègera contre tes sinistres voi-
sins, les anthropophages, et contre les cruels
Européens qui t'apporteraient cette peste des
Indes que tu ne dois pas connaître.

Tes habitants au cœur naïf et bon, tes habitants accessibles au progrès moral, sont pénétrés
par le pur christianisme. Tes lois, tes usages, tes
mœurs en portent l'empreinte bénie et féconde.

Tandis que, près de toi, d'autres Océaniens
restent atrocement barbares, toi; Otahiti, tu res-
pires, avec ta flore merveilleuse, la fleur divine
de l'Evangile. Tu reçois hospitalièrement ses
apôtres et ses missionnaires, et tu les défendrais au besoin contre les naturels de la Mélanésie, tes cruels et horribles voisins qui ne les

laissent aborder dans leur île maudite que pour
les dévorer ou leur faire endurer des supplices
pires encore !!.....

Oui, Otahiti sous la protection française, est
une sorte d'Eden : une île féerique, jetée capri-
cieusement au sein des flots, comme une terre
paradisiaque à côté de l'infernale Mélanésie, qui
peut-être est au point de vue des beautés naturelles, la rivale d'Otahiti, car l'Océanie est géné-
ralement belle.

« La première fois que j'abordais à Otahiti,
dit le Commandant, je fus plus frappé qu'ailleurs des séduisants aspects de cette île fortu-
née entre toutes.

Quelle luxuriante végétation ! quelle flore !
quelles surabondantes richesses naturelles !

Mais les bons habitants valent mieux encore
que tout cela. Ils sont confiants, hospitaliers,
sincères, dépourvus de toute méchante ruse. Ils
connaissent les vertus naturelles et savent les
pratiquer, je vais à eux en ami. »

Les fêtes nuptiales de Pomaré II qui vient de
se marier récemment, ajouteront un agrément
de plus au séjour de l'escadre française à Otahiti. Nos marins s'en réjouissent.

A bord ils sont privés de toute fête de ce
genre, et cette perspective leur promet bombance et festins de gala à n'en plus finir.

C'est par le capitaine d'une joncque chinoise
que l'*Astrolabe* a croisé hier, que le Comman-

dant a reçu la nouvelle du joyeux évènement. Il connait Pomaré de longue date; mais il l'a vue bien jeune; et il va renouer connaissance dans des circonstances beaucoup plus favorables, qui contribueront à réjouir les esprits et à rapprocher des cœurs déjà bien disposés les uns pour les autres.

CHAPITRE XIII

AU MOUILLAGE D'OTAHITI

19/1. — 40. — Nous sommes au mouillage d'Otahiti depuis quelques jours ; nous avons été reçus au milieu des cris de joie, de la plus inoffensive population.

Voir arriver deux équipages de navires français, c'est un spectacle qui semble plaire aux indigènes. Leur chant mêlé de danses et de naïves pantomimes, n'est guère harmonieux ; loin de caresser l'oreille il la fatiguerait, si l'on ne voyait s'épanouir sur tous ces visages moricauds, un sourire de gaîté franche et vive, un air de cordialité qui prévient assez pour oublier le reste. Le chant est ce qu'il peut, mais on ne rencontre ici aucun de ces visages à passions mauvaises, à convoitises basses, à masque perfide.

On devine à première vue, que le vol, le pillage, la rudesse brutale, la férocité de mœurs, sont bannies de la belle Otahiti. Ils sont hospitaliers ! et c'est grâce à la réception fraternelle faite à nos missionnaires, que la bonne nouvelle de l'Evangile s'est répandue parmi eux plus aisément que dans le reste de l'Océanie.

9/2 — 40. — Je m'étonne que les humains chantent si mal dans un pays où les oiseaux font de si charmants concerts. Et puis quels oiseaux ! rien que le bruit de leurs longues ailes, quand ils volent bas, est une sorte d'harmonie. Leur queue, parfois aussi longue que celle du paon, mais plus souple et infiniment plus élégante, promène dans les airs une sorte de ramage qui le soir dans des nuits trop belles, plaît singulièrement à l'oreille par son mouvement cadencé... à l'œil aussi, par l'ondulation superbe et gracieuse, que ces hôtes privilégiés du plus beau ciel du monde donnent à leur plumage.

Lorsque nous débarquâmes, on nous régala, aux sons d'un tam-tam joyeux, d'une espèce de farandole ou *fandango* qui me parut tout à fait bizarre, et spécial au pays des rêves...

Mais quand Dumont-d'Urville mit pied au rivage, escorté immédiatement de Zaroff, qui l'ombrageait d'un immense parasol en forme de dais, on vit aussitôt que les anciens du pays le

reconnaissaient, et se réjouissaient de le revoir,
car ils vinrent en groupes, empressés et respectueux, baiser ses mains, ses habits, et se pros-
terner devant lui.

Alors commencèrent les largesses d'usage que
le Commandant n'aurait eu garde de négliger.

Zaroff, qui tenait d'une main le parasol pro-
tecteur, avait à l'autre une immense corbeille
remplie de verroteries de toutes couleurs, ainsi
que de chinoiseries parisiennes à deux sous.

Dumont-d'Urville parle toutes les langues et
comprend tous les dialectes en usage dans les
cinq parties du monde.

La langue indoue est familière aux naturels
d'Otahïti. Le Commandant s'en servit aussitôt
pour répondre aux *Salamalecs* qu'il recevait de
toutes parts. Mais quand on le vit prendre à poi-
gnée et puiser à pleines mains dans la corbeille
aux vastes flancs pour en semer les richesses
enfantines autour de lui, alors les femmes, qui
par respect s'étaient tenues à l'écart, s'appro-
chèrent en foule, avec les enfants.

Des cris de joie éclatèrent de toutes parts, et
durèrent jusqu'à ce que Dumont-d'Urville eût
épuisé le contenu de sa brillante corbeille.

Alors je vis un cortège d'hommes armés
d'arcs et de flèches, s'avancer vers Dumont-
d'Urville, à la suite d'un personnage somptueu-
sement paré, et revêtu des insignes du commandement...

Cet homme était le nouvel époux de la reine Pomaré ! Il s'approcha en multipliant les démonstrations de cordiale déférence ; et, par un sentiment de respect et de réserve, la foule s'écarta devant lui et les femmes s'éloignèrent de nouveau.

Alors le Commandant répondit au jeune prince en se servant du même idiôme que parlait le roi, tout aussi aisément que s'il se fût exprimé en français. Je n'ai donc pas entendu un *traître* mot de leur discours...

Mais quand ils s'embrassèrent, et que je vis les naturels battre des mains, je me joignis à ces naïves exclamations qui partaient des meilleurs sentiments.

Nous vîmes alors le prince entraîner d'Urville vers une riche tente dressée non loin du rivage.

L'état-major suivait à distance et j'aperçus notre cher Janick qui ne perdait pas son temps. Il était entouré des petits enfants qu'il caressait, tout en distribuant aux jeunes femmes des médailles de la Vierge, dont le cuivre, neuf et brillant, étincelait au soleil du soir...

Lui non plus, le Père-Jean, il ne savait rien du langage des indigènes ; mais avec cette expansion cordiale que tout homme comprend sans peine, les habitants d'Otahiti recevaient ses médailles en baisant pieusement l'effigie bénie, et c'est là tout ce que demandait d'eux le missionnaire !

Le prévoyant abbé s'était muni de petits cordons de toutes couleurs. Bientôt il les eut distribués à droite et à gauche : les mères s'en saisissaient pour enfiler leur médaille, sans qu'il fût besoin d'échange de paroles, pour obtenir cet excellent résultat...

Arrivés sous la tente, le prince indien nous fit signe d'approcher. Une collation à l'orientale nous fut offerte, et il fallait à l'imitation du capitaine d'Urville, accepter les rafraîchissements à la mode du pays, quand même, et à contre-cœur !

Les Orientaux ne souffrent pas d'être refusés quand ils offrent.

C'était tard : pendant la visite du Commandant à Pomaré II, nous revînmes à bord. D'après la discipline établie de longue date, l'équipage des navires passe, même au mouillage d'Otahiti, toutes les nuits à bord, et c'est une très sage mesure...

La nuit était avancée quand revint le Commandant. Il annonça pour le lendemain la visite du jeune prince qui n'avait pas encore vu de vaisseau français, et voulait inspecter l'*Astrolabe*.

Sa Majesté, très curieuse, vint de bon matin, suivie de peu de monde. L'*Astrolabe* salua le roi d'une décharge d'artillerie légère... « *Mon oncle* » fit les honneurs du navire, avec M. le *Second*,

L'équipage en tenue, était sous les armes. Après la revue des hommes, on passa la revue des cabines et même de la cale ! Le roi voulait tout voir.

Arrivé devant ma chambre, dont j'avais la clé sur moi, d'Urville ordonna d'ouvrir. Zaroff courut me chercher, et je le suivis, ne me doutant pas de ce qui me pendait à l'oreille...

Le roi aime la peinture ! qui aurait cru cela ? Sur un signe du Commandant, je dus ouvrir tous mes cartons, mes albums, etc.

Le Roi examina les unes après les autres, tontes mes planches. Puis il se prit à parler au Commandant avec une certaine vivacité ; ... on se disait tout bas : de quoi s'agit-il ?

Or, voici de quoi il s'agissait : le prince ne s'avisait-il pas de vouloir faire faire son portrait en pied, par moi !... Et j'allais, sur un ordre de « *mon oncle* » être obligé de peindre la tête moricaude, mais très belle, de l'époux de Pomaré II ?...

Après la visite qui dura trois heures, le Commandant me fit appeler.

Louis, tu vas préparer tes armes ; le jeune prince désire vivement son portrait. Je n'ai pu lui refuser cette innocente satisfaction. Dès demain, tu dois te rendre à la tente où nous avons été reçus hier, et tu commenceras à utiliser tes talents.

— Mais, mon Commandant, je n'ai pas étudié *la tête* ; on ne m'a point appris la *bosse* ! Comment ferais-je donc ?...

— Corbleu ! tu feras comme tu voudras, mais il nous faut, d'ici huit jours, le portrait du mari de la reine. C'est pour elle qu'il va se faire peindre. Je tiens beaucoup à les contenter l'un et l'autre.

— Bon Dieu ! jamais je ne viendrai à bout d'un travail si difficile, si au-dessus de mes moyens, si en dehors de mes procédés de peintre de marines ! Peindre un portrait de roi, pour débuter encore ! »

D'Urville qui s'amusait des frayeurs de mon cousin, lui suggéra plus d'un moyen original, et finit par lui dire : — De quoi te tourmentes-tu ? Dans cette île aussi primitive qu'enchanteresse, les tableaux n'abondent pas... Le tien sera le premier qui meublera la chambre de la reine !... Dès l'instant qu'aucun point de comparaison ne peut s'établir, tu n'as rien à redouter...

Les traits du prince sont beaux, sa taille avantageuse ; son port de tête superbe. Il porte un costume à caractère. Il me semble que tu peux aisément saisir tout cela, sans viser à la ressemblance ?... exacte...

— Je doute de réussir ; j'ai la vue d'une myopie extrême ; et avec cela, mauvaise ! Daignez au moins, Commandant, m'accorder un sursis ; je m'exercerai sur ce genre de travail nouveau tout un jour et une nuit, avant d'aborder le portrait royal....

— Je t'accorde cela. Demain matin, j'irai à la place, et je ferai prendre patience au jeune chef.

Ainsi fut fait. Et comme mon cousin s'est plu à nous le raconter, après avoir obtenu du digne *Père-Jean* qu'il posât devant lui de longues heures, pour se faire « la main » : après avoir presque réussi à modeler, tant bien que mal, les traits de son patient ami, mon cousin aborda la tente royale pour le portrait du sire... Au bout d'une huitaine de séances, le grand tableau était fabriqué ! Quant à la ressemblance, elle fut ce qu'elle pouvait.

Le Commandant ayant déclaré que « *son portrait* » plairait beaucoup au jeune roi, et celui-ci impatient de se contempler en peinture, étant venu à bord de l'*Astrolabe* surprendre son peintre, il y eut exposition publique, sur le grand pont du navire...

Le prince, ravi de se trouver si beau, s'admira le plus naïvement du monde, et poussa de petits cris de plaisir...

Le Commandant, bien qu'il eût peine à garder son sérieux, complimenta mon cousin sur l'extrême promptitude de l'exécution, sur les belles couleurs du tableau, sur la barbe et le turban du roi, sur l'ampleur et sur la richesse du vêtement ; mais rien du visage !...

Ce fut alors que sa majesté, voulant donner au peintre une haute marque de satisfaction, commença par tirer le Yatagan qui brillait à sa ceinture, et le lui offrit avec grâce.

Puis, ce premier don ne suffisant pas, il dénoua sa ceinture elle-même, (c'était un long kachmyr des Indes d'un grand prix), et il la présenta à Lebreton, en lui faisant dire par interprète, qu'il ne savait comment lui exprimer son contentement, et lui faire un don agréable..... Mon cousin répondit que sa majesté le comblait ; qu'il se voyait récompensé au-delà de ses mérites...

— Non, dit encore le jeune chef, c'est moi qui reste l'obligé.

1/3 — 40. — « Après cette assaut de politesses, reprend le journal de mon cousin, il fut question d'une fête chez la reine... Pomaré voulait donner à « son ami de France » un témoignage d'éclatante faveur ; elle faisait prier Dumont-d'Urville d'accepter un repas cordial, sous sa tente, avec tous les officiers de sa suite.

Impossible de rien refuser à la reine. L'invitation était pour le surlendemain, et le Commandant me dit que je faisais partie des invités, ainsi que notre cher aumônier.

Avant le repas, qui était pour le soir, une grande chasse au condor nous était encore offerte. Nos équipages étaient de plus conviés au spectacle de la chasse ; ils devaient, à cette occasion extra-solennelle, participer à une bombance royale, qui serait la conclusion des fêtes du mariage de la reine.

La chasse de Pomaré II me plaisait bien plus en perspective que le repas de cérémonie où il fallait faire violence à mon goût et à mon palais, qui s'accomode mal des boissons et de la cuisine indienne.

Elle fut superbe, cette chasse au condor... La reine y était ; elle tire avec une admirable précision... sa flèche rapide, sûre, ne manque pas un oiseau...

Mais quelle fut ma surprise quand j'entendis Pomaré parler français à Dumont-d'Urville !... Un français *écorché* sans doute ; mais pourtant compréhensible, puisque je l'ai compris !...

La flèche royale a fait tomber aux pieds du Commandant un condor magnifique, et Pomaré le lui a aussitôt offert.

De mon côté, j'avais tiré, sans trop savoir où s'égarait mon dard !... Le coup porta néanmoins ; un condor de moyenne taille fut atteint, et le jeune roi ordonna que le bel oiseau fût apporté à celui qui l'avait blessé. Cette capture me causa un instant de très vif plaisir. Encore que ce ne fût pas mon adresse, mais un coup de hasard qui m'ait valu la propriété du condor ; on aime toujours à gagner, même aux jeux de hasard...

Après la chasse, l'indispensable narguilhé, les boissons ambrées, la liqueur musquée, les parfums liquides enivrants des roses quintessenciées, et une autre liqueur, dont j'oublie le nom indien, qui produit l'effet du hatchis sur les êtres impressionnables... Il faut accepter tout cela !

Vint ensuite le repas de gala dont je me serais bien passé et pour cause !

L'encens qui brûle dans des cassolettes rougies au feu me porte à la tête.

La reine présidait au festin : à demi couchée sur un lit d'honneur. Pomaré est jolie, autant que peut l'être une femme au teint cuivré. Ses yeux brillent d'intelligence et de bonté, son sourire est bienveillant ; mais ses cheveux crépus, en dépit de l'huile ambrée qui les arrose, ne sauraient me plaire. Par compensation, la reine d'Otahiti a pour dents une véritable rangée de perles.

Néanmoins, et malgré la bonne grâce de sa majesté, il n'y avait pas que moi pour qui la fête fût une corvée...

Dumont-d'Urville se leva de table avant tout le monde. Il offrit ses derniers présents à Pomaré qui avait souhaité deux globes, l'un terrestre, — elle est friande d'astronomie, — et l'autre, un admirable cosmos, qui la ravit d'admiration et de plaisir....

A son tour, elle voulut donner à « *son ami le*

capitaine d'Urville » un précieux gage, en souvenir d'elle... Or, voici ce qu'elle imagina.

Le prince-époux, sur un signe de Pomaré, vint prendre lui-même, sur la tête de sa femme, l'écharpe en dentelle des Indes que la reine porte en guise de voile d'honneur, aux grands apparats, et il le présenta au Commandant, qui reculait de surprise en voyant la reine dévoilée !

« Je vous prie d'accepter mon voile de mariée, dit alors Pomaré, en souriant à Dumont-d'Urville. C'est le plus beau présent que je puisse vous offrir... Nous faisons alliance avec vous ! »

Alors le jeune roi raconta au capitaine l'histoire de l'écharpe en dentelle des Indes. L'interprète compléta le récit par les détails suivants, qui achevèrent de nous renseigner sur la valeur du présent royal.

« C'est un objet si rare que le pareil ne se
« trouverait pas en Europe, sans le commander
« quatre ou cinq ans d'avance !... L'exécution
« d'un tel travail exige quatre ans de labeur
« continu !...

« Cette dentelle merveilleuse est faite de main
« d'homme ; car, dans l'Inde, les femmes ne sa-
« vent pas travailler à l'aiguille, ni dessiner.
« Elles cultivent la terre, préparent les repas,
« mènent à l'abreuvoir les bêtes de somme :
« tandis que les hommes, assis par terre, au
« pied des palmiers ou des mangliers, brodent

« et font des des chefs-d'œuvre d'adresse et de
« patiente application.

« Le fil d'ananas dont ils se servent pour
« exécuter les *à-jours* de leurs broderies, est
« tout ce qu'il y a de plus fin, de plus soyeux
« au monde. Il sert également au tissage de la
« batiste des Indes, qui conserve le délicat par-
« fum du fruit dont il émane ; etc., etc. »

Cette écharpe est donc le plus beau produit de
l'art oriental (1).

La reine dit qu'elle attendrait quatre ans pour
en avoir une autre !...

Si les Indiens font de merveilleux ouvages à
l'aiguille, ils y mettent le temps ; ils exercent la
patience d'une reine !

---

(1) Rapportée en France par Dumont-d'Urville, cette
royale écharpe, que possède l'auteur de ces pages, fut es-
timée 4000 fr. environ, par experts.

CHAPITRE XIV

CAP SUR BARABORA

1/3. — 40. — « Notre bon Père-Jean a su utiliser son séjour à Otahiti en évangélisant l'île hospitalière. Aussi, que de démonstratifs regrets quand nous appareillâmes, et qu'il fallut voir s'éloigner le missionnaire !...

Les enfants s'attachaient à la robe du prêtre, et pleuraient en lui disant : « Père ! reste avec nous ! » mais lui, les embrassant une dernière fois, répondait à tous en montrant le ciel : « Ne pleurez pas, nous nous retrouverons là-haut, dans le royaume des Cieux ! »

. . . .

Je n'ai plus de loisirs, et ne prends guère de notes de voyage : je suis surchargé de travail et encombré de besogne, tant le séjour d'Otahiti me fournit de sujets de tableaux ! Et puis l'ar-

riéré considérable occasionné par ma longue
fièvre asiatique n'est point encore comblé ; et il
faut qu'il le soit pour le mois prochain, si je ne
veux être débordé !...

5/5. — 40. — Père-Jean me disait encore hier
qu'il y a sur la circumnavigation de Dumont-
d'Urville, une visible bénédiction...

Sans même compter nos inespérées délivran-
ces du Pôle-Nord et du Pôle-Sud, nous avons
doublé le cap des Tempêtes trois fois ; l'escadre
s'est engagée cinq fois dans les plus dangereux
détroits : nous avons navigué deux ans dans
les régions vouées aux naufrages, sans en subir un seul : et maintenant nous franchissons
les parages du Pacifique, du grand Océan et des
premières roches africaines, sans que les corvettes aient à essuyer de sérieuses avaries...

— Oui, ce sont les anges protecteurs du Commandant qui préservent de tout malheur irré-
parable son aventureuse destinée !...

Les fatalistes disaient : Dumont-d'Urville va
trouver la mort dans son troisième voyage autour du monde ; il ne saurait en être autrement.
Un marin ne brave pas tous les périls de mer
pendant un quart de siècle, sans y laisser ses
os !... — En effet j'ai entendu dire ces choses-
là... J'en étais très impressionné, Père-Jean ; et
vous avouerez que ce n'était pas fait pour réjouir
le cœur, ni remonter le courage... D'autant plus

que nul parmi les circumnavigateurs célèbres,
n'a poussé la hardiesse des explorations difficiles plus loin que Dumont-d'Urville.

— C'est donc là le motif de vos jours de tristesse profonde, au début de la campagne?

— Je l'avoue; j'étais alors envahi par l'idée
que jamais je ne reverrais mon père, la France,
la Bretagne!

— Pauvre Louis! quelles chimères que ces
folles craintes! Moi, qui ai vu de près Madame
d'Urville, qui ai admiré sa vertu, sa foi, son
courage, je crois qu'elle peut tout obtenir! Son
fils lui ressemble; à eux deux ils obtiendront
bien sûr, l'heureux retour de notre cher et grand
marin.

Tandis que l'abbé me parlait, tout en regardant voguer nos vaisseaux, je lui renvoyais, *in
petto*, l'influence bénie, l'intercession efficace
qu'il attribue à Madame d'Urville.

Elle, je ne la vois pas; mais lui, je le vois à
chaque heure du jour, et je le vénère! sans oser
le lui dire, il se fâcherait!

5/6. — 40. — Le vent tourne au Sud, le Commandant est soucieux; la tempête est dans
l'air... Quoi d'étonnant? Nous touchons au Cap,
nous le doublerons ce soir... ou demain? De
sombres nuages annoncent un grain? Ça finit
toujours par une *danse*, dit le pilote, quand les
nuages s'amoncellent au midi. Il sent la catas-

trophe dans l'atmosphère ! mais ce n'est pas pour nous, a-t-il ajouté...

Nous filons sous le vent ; malheur à ceux qui tiennent la haute-mer !... S'il y a d'autres navires par ici, c'est eux qui *la danseront* !

J'ai toujours vu se réaliser les prédictions du pilote ; je commence à m'inquiéter pour d'autres en suivant de l'œil un *point noir*... à gauche de l'escadre.

Le *point noir* grossit. Il fait craindre un cyclone marin...

— Mon cher Lottin, voyez là-bas cet avant-coureur de désastre ? dit le Commandant, levant son bras dans la direction du point menaçant.

— C'est la tourmente ! Elle commence, mais non pas pour nous.

Quel temps de naufrage ! Pauvre navire ! s'il y en a un d'engagé là, en face, il est perdu ! Il va sombrer !

A ce moment, prompt comme l'éclair, l'ouragan se déchaîne.

Des cris terribles se font entendre au loin.

— C'est un bâtiment en détresse, crie le pilote, mettant la barre au gouvernail, se dressant pour embrasser l'horizon d'un coup d'œil.

A peine quelques minutes s'écoulent, hélas ! et voici, devant nous, l'incendie horrible d'un navire ! Des cris d'angoisse fendent les airs et déchirent l'oreille. C'est un désastre effroyable ;

il éclate en face même de l'escadre, que la prudence du pilote empêche d'avancer.

— Un naufrage lamentable, dit-il. Pourvu que
ce ne soit pas celui d'un vaisseau français » !

Le vent nous apporte l'écho d'une détonation
sinistre, puis des clameurs déchirantes ; et les
cris de détresse se rapprochent. La tempête est
violente...

— Fût-ce des ennemis, tous les naufragés
sont nos frères ! s'écrie le Commandant... tandis que d'effroyables chocs sortent des profon-
deurs de l'Océan, et que l'épouvante du spectacle gagne la foule.

— Vite, des cordages à la mer ! matelots, je-
tez des perches, des planches, des crampons !...
Là bas, il y a des hommes à la mer !... Un navire englouti ! Les bons nageurs où sont-ils ?...
Avec la goutte je ne puis plus nager !

Et d'Urville parcourait le pont, donnant des
ordres, encourageant le sauvetage, et les sauve-
teurs...

Et l'on ne savait pas encore à quelle nation
appartenaient les pauvres naufragés ! Quand
des débris flottants s'approchent à fleur d'eau,
et que des vêtements d'uniforme sont en vue de
l'*Astrolabe* !...

— Ce sont des Français ! exclama douloureusement le pilote.

Hélas ! c'était le naufrage du *Papin* !... Il
sombrait à **deux milles** de l'escadre !...

Les bons nageurs s'étaient jetés à la mer. Ils plongeaient, ils s'exposaient avec un dévoûment digne des meilleures récompenses. Mais leurs efforts généreux que pouvaient-ils en face d'un naufrage aggravé par le déchaînement du feu et de l'eau?

« Voilà encore un de ces désastres contre lesquels l'homme ne peut absolument rien ; rien ! que déplorer le malheur de ses frères ! disait d'Urville, qui après avoir arpenté fièvreusement le grand pont de l'*Astrolabe*, s'arrêtait en proie à une morne et poignante émotion...

Infortuné *Papin!* pauvre capitaine ! tout l'équipage englouti ! c'est trop affreux !!!

Abbé Janick ! vous pleurez ! dis-je à mon digne ami qui ne pouvait maîtriser sa douleur !...

— Je pleure et je prie ! Louis ; je prie pour tous ceux qui sont morts ! morts, dans un cataclysme prompt comme la foudre !... »

Quand la mer se calma, l'escadre reprit sa marche. Mais la cruelle et terrible vision du *Papin* qui sombrait, nous suivit longuement... Un voile de deuil semblait couvrir les navires, et nul ne songeait à se réjouir de notre heureux passage, du grand Océan à l'Atlantique ; tellement la catastrophe avait saisi les imaginations, et empoigné les cœurs !...

— Nous avions abordé à bien de plages, dans nos colonies d'Afrique. Mais sans aucun inci-

dent digne d'être noté. Surtout quand on a déjà
relaté les incidents graves d'une si longue campagne !...

Des tourbillons qui attendent les navigateurs
à la pointe du Cap, il ne restait, hélas ! que le
poignant souvenir du *Papin*, naufragé sans retour ! . . . .

Nous entrions à pleines voiles dans l'Atlantique. La saison était favorable ; on avait passé
depuis 2 mois l'équinoxe du printemps, en Europe.

L'escadre se dirigeait sur Rio-Janeiro, nous
devions stationner pendant longtemps au Brésil. Les corvettes avaient grand besoin d'être
ravitaillées ; et leur équipage aussi...

L'état sanitaire laissait beaucoup à désirer.
Le Commandant aspirait à donner satisfaction
au corps médical par un repos prolongé.

Quant à moi-même, Dieu sait combien j'avais
faim et soif de revoir la France ! plus encore la
Bretagne ! Mais si une station au Brésil doit
nous attarder encore, elle est absolument nécessaire ; et puis à Rio-Janeiro, nous trouve-
rons le courrier de France... Une lettre de mon
père, des nouvelles de tout notre monde !

. . . .

30/6. — 1840. — Nous sommes à Rio.

Après trente-deux mois de la plus hardie
circumnavigation, — dont deux années, terri-

bles à faire frémir les anachorètes et les martyrs, notre entrée dans l'immense baie de Rio-Janeiro est saluée par autant de compassion que de joie !...

Oh ! c'est qu'on ne fait pas en se jouant le tour du monde !... On ne sillonne pas toutes les mers : on ne franchit pas sept fois la ligne équatoriale : on ne tient pas si longtemps la plus rude campagne, sans y laisser une part de soi-même !...

De quelle trempe doit être le marin ! Je l'admire et l'honore, cette grande vocation du navigateur utile à son pays ; mais je la redoute.

C'est assez pour moi d'une campagne dans les deux hémisphères. Je m'en tiendrai là...

Mêlé à cette grande vie du bord, j'y ai puisé courage, énergie, et savoir... Oh ! je suis bien changé. Et c'est à « *mon oncle* » que je dois ma transformation. Mon père va le bénir, car il lui ramène, non l'enfant-prodigue, mais son fils, corrigé, redressé, et passablement instruit..... son fils, habitué au travail, et plié désormais aux labeurs de chaque jour...

Il fait bon fraterniser avec les Brésiliens ! La plus cordiale hospitalité nous accueille ; et puis nous avons déjà rencontré des Français ! Je peindrai, — con amore, — la splendide plage de Rio Janeiro.

2/7. — 40. — Tout en dessinant, le cœur me

bat de plaisir à la seule pensée de revoir bientôt
la France.

O patrie! sol adoré! combien plus chère au
cœur de l'homme privé de toi depuis tant d'années! quelle indicible joie à relire la lettre de
mon père. Je ne me lasse pas à regarder son
écriture, j'en étais depuis un an à attendre, de
plus en plus, les nouvelles de famille.

Comme au départ de France, nous avons
deux étés pour un hiver. Voilà ce qu'on gagne à
circuler dans les deux mondes! Mais quoi!
j'aime encore mieux l'hiver en Bretagne que
l'été en Chine?... Est-ce que rien au monde peut
remplacer le bonheur du foyer? la vie en famille!...

O cher foyer! que ne suis-je poète, pour te
chanter, pour te bénir, pour te peindre!...

5/7. — 40. — J'ai tant à travailler pour compléter mon grand album du voyage au Pôle-Sud
que j'abandonnerai bientôt ce journal, avec la
permission de mon oncle.

L'abbé Janick a retrouvé au Brésil un religieux missionnaire de ses amis qui l'a accaparé
pendant toute une semaine. Ils se revoyaient
l'un l'autre avec d'autant plus d'intérêt qu'ils
ont beaucoup à dire, surtout l'abbé; il en sera
ainsi jusqu'à la fin de la station à Rio.

Je suis téllement accoutumé à sentir ce bon
Père-Jean près de moi, à travailler presque sous

son regard et ses bons conseils, que j'en suis devenu jaloux! et qu'il me manque! Mais patience..... Quand nous allons repartir pour quitter l'Amérique, nous reprendrons possession de notre cher aumônier...

« C'est gênant la jalousie! me disait tout à l'heure Pornic, le petit matelot, qui ne peut suivre partout l'abbé à terre, comme sur le pont de l'*Astrolabe*...

— C'est gênant aussi pour moi, repartit le maître chéri qui avait entendu... mais comme je vous aime, je ne m'en plains pas!

— Père! dit alors Yves, l'autre matelot breton, le plus court et le plus gros des deux acolytes de l'abbé, qui s'arrêtait près de moi, père! voilà que nous avons exploré le monde liquide : que nous avons traversé, de part-en-part, toutes les latitudes et toutes les longitudes : que nous avons été plus loin qu'aucun navigateur : que nous avons pénétré sous le cercle *polaire-Sud* les premiers!... C'est beau à raconter, cela!...

— Ce qui n'est pas beau, Yvon, c'est de parler comme « *la mouche du coche* ».

— *La mouche du coche*, père, qu'est-ce que c'est que ça?...

— Comment! Yvon, fit l'abbé, en souriant; tu viens d'étaler ta gloire, et tu ne connais seulement pas « *La Fontaine* »!...

— Quelle fontaine, donc? celle de Landivi-

siau, je la connais bien ; c'est plus commode d'y
puiser de l'eau, à celle-là, qu'à celle d'*Amboine* ;
là-bas près d'Otahiti, où j'avais tant de peine à
retirer mes sceaux, quand ils étaient pleins.
Vous savez !

— Eh bien ! Yvon, reprit l'abbé, (qui ne jugea
pas à propos de compléter l'instruction littéraire
de son protégé), à Landivisiau, quand tu racon-
teras *tes voyages*, à la *veillée*, tu feras bien de
ne pas nous placer sur la même ligne que le
Commandant, sais-tu ?...

— Et pourquoi donc, père ? N'avons-nous
pas tout partagé ensemble, avec lui, les périls,
les peines et les angoisses ?... J'en ai mon compte,
allez !...

— Dis-moi, Yvon, avons-nous aussi partagé
la science de Dumont-d'Urville ?

— Oh ! pour ça, je ne dis pas... Mais ça, c'est
autre chose que de vivre sur le même vaisseau,
et d'avoir failli trois fois mourir ensemble.

— Eh ! bien, mes amis, parlons modestement,
s'il vous plaît. Parlons comme il convient à des
gens qui ont voyagé à la suite d'un prince... car
la science, enfants, c'est une royauté !...

CHAPITRE XV

Je viens de citer la dernière page des notes du jeune peintre.

Pour terminer ce récit, je vais faire appel à la tradition, à ma mémoire ; me ressouvenir des premiers entretiens de mon cousin lorsqu'un mois après son arriveé il nous conta, tout palpitant de bonheur et de succès, la dernière phase de la traversée d'Amérique en Europe.

Partie du Brésil par un temps magnifique, depuis Rio-Janeiro jusqu'à l'Équateur, l'escadre n'eut rien de notable à consigner. Ce n'était ni la saison des tempêtes ni celle des rencontres fâcheuses. Les navires, fraîchement et surabondamment ravitaillés, avaient de toutes manières mis à profit l'excellent mouillage de Rio ; ils fendaient les flots apaisés de l'Atlantique dans les conditions les plus favorables ; ils avaient

vent de poupe : et Dumont-d'Urville, dans son
coup d'aile suprême, pouvait remercier Dieu, sa
fortune, les vents et les mers, de le ramener vivant ; et de l'avoir bien servi jusqu'à la fin ! Non
pas que l'escadre, et lui-même, ne fussent gravement atteints, dans leurs forces et dans leur
existence matérielle, car ils sortaient à peine du
plus ardu combat ; — mais ils avaient vaincu
là où d'autres ont péri ! Certes, les annales de la
marine française, ne comptent pas, jusqu'en
1840, beaucoup de pages aussi belles, surtout
aussi fécondes que celle des voyages de Dumont-
d'Urville !

. . . .

En quittant le Brésil, l'expédition s'attendait
à la plus réjouissante des rencontres. Une vraie
bonne fortune de marins.

Le jeune vainqueur de Saint-Jean d'Ulloa, de
Modagor, de La Vera Cruz ; le prince de Joinville venant de France, devait, selon toutes pro-
babilités, croiser Dumont-d'Urville aux appro-
ches de l'équateur.

Les équipages le savaient ; ils l'avaient entendu dire à Rio, où l'on attendait le prince, au retour de son expédition à l'île Sainte-Hélène...

. . . .

Par la plus radieuse matinée, sous un soleil
resplendissant et la plus douce brise, une frégate française est en vigie.

C'est la « *Belle-Poule !* » c'est le prince-amiral !

Dès la veille au soir, le Commandant disait à son état-major, avec une visible satisfaction, demain, nous croiserons la *Belle-Poule*!

Quel joyeux branle-bas, détermina, sur l'*Astrolabe* et la *Zélée*, le premier cri de la vigie :

— Voici la *Belle-Poule*!

Tout concourait à rendre plus brillante la journée qui s'annonçait si belle!

Quand, en s'abordant par une décharge d'artillerie tapageuse, l'*Astrolabe* accosta la *Belle-Poule*, et que l'amiral de France vit monter d'Urville à son bord, ce fut une exclamation tonitruante sur les trois navires.

Mais quand, presqu'aussitôt après, le prince de Joinville rendit visite à Dumont-d'Urville, et parut, dans sa fière et martiale attitude, sur le pont de l'*Astrolabe* pavoisé pour le recevoir, oh! alors la joie des équipages devint une vraie « *furia francese* ».

Ce fut aussi une fête de famille, un gala patriotique... Et quelle joyeuse mêlée à l'abordage! quel assaut d'enthousiasme marin! Ce fut bientôt un brouhaha charmant, un désordre délicieux; — car, dit l'amiral, ce n'est pas de la limonade, la politesse des matelots!...

Avec sa belle humeur, son dédain de l'étiquette et son esprit gaulois, François d'Orléans, le plus populaire des fils de France, se fait aimer de tous; et les marins l'adorent...

— On sait qu'il va à Sainte-Hélène, à la barbe

de l'Angleterre : et, on l'entend dire à Dumont-
d'Urville : — Si Albion m'attaque au retour,
mon parti est pris : je me fais couler ! ! ! mais
avec le cercueil de Napoléon ! Je le jure ! on ne
me prendra pas vivant ! ! !... »

Ah ! quand on compare ce beau et généreux
mouvement, si français ! avec la conduite des
adversaires de notre famille royale, combien la
magnanimité du prince de Joinville offre un
beau, un magnanime contraste !

Il voulut visiter l'*Astrolabe* en détail ; il s'in-
téressa, quand il sut l'histoire du regretté Goupil, au jeune peintre en chef de l'Expédition au
Pôle-Sud.

Il demanda M. Lebreton, et manifesta le désir de voir en détail, l'œuvre artistique de ce
peintre de vingt ans !

Aussitôt d'Urville conduisit le prince, et voulut que « son neveu » fît les honneurs de chez
lui, de ses planches, de ses albums, au royal vi-
siteur...

L'Amiral s'y connaît : il est artiste à ses heures et sa bienveillance aidant, il ne fut content
qu'après avoir tout vu, tout examiné, tout jugé,
dans cet énorme quantité de marines, si bien
réussies.

Il y avait plus de deux cents planches ou plaquettes !

« Mais tout cela a une valeur sérieuse ! Vous
avez un véritable talent, et un coup de crayon

d'une sûreté étonnante! dit-il à mon cousin, aussi ému que touché de l'approbation du prince!

« Oui, vous êtes maître à l'âge où les autres sont élèves. Vous êtes « vous-même » quand les autres ne savent qu'imiter!... Monsieur Lebreton, je vous décore!... et vous le méritez. »

Et, en disant ces charmantes et flatteuses paroles, le prince de Joinville détache son étoile de la Légion d'honneur, et la fixe sur la poitrine de Lebreton, stupéfait, heureux et ravi, au point de ne pouvoir répondre autre chose que des monosyllabes, l'œil humide, le cœur gonflé de joie.

. . . .

— Eh bien! Louis! il ne te manquait plus que ce bombardement-là! dit gaîment d'Urville.

En Bretagne, j'ai voulu te bombarder aide major... Ensuite, il y a ton bombardement comme peintre en Chef de l'Expédition au Pôle-Sud.

Enfin le troisième, le plus inattendu et le plus glorieux, ce n'est pas moins qu'un amiral français qui te l'octroye!!!

« Prince, je vous remercie du plus profond de mon cœur.

Daignez permettre qu'à mon tour je vous offre, de toutes les marines de mon peintre, celle qui vous a plu de préférence »...

Le choix fut bientôt fait : la *Belle-Poule* bientôt relancée à la mer.

Enfin! L'expédition au Pôle-Sud touche la terre de France.

Le 6 novembre 1840, l'*Astrolabe* et la *Zélée* rentrèrent dans la rade de Toulon, après une campagne de trois ans et plusieurs mois.

Ah! quel besoin ils avaient tous du sol natal pour revivre!...

Comme au jour du départ, Madame d'Urville et son fils — l'unique et dernier enfant! — étaient sur la plage Toulonaise avant la foule, et dès que la vigie eût signalé l'arrivée de l'escadre...

Alors seulement, Dumont-d'Urville, au sein d'un bonheur qu'il faut renoncer à peindre, sentit l'épuisement de ses forces!!!

On dut l'emporter à sa *Juliade* où il se ranima sous les plus tendres soins de sa femme et de son fils.

Au bout de six semaines, ils partirent tous trois ensemble pour Paris, où le roi attendait impatiemment le nouvel amiral; c'est à la *Juliade*, le 1ᵉʳ décembre 1840, que le brevet du titre si laborieusement conquis, fut reçu par son titulaire.

Quant à mon cousin, le moins éprouvé de tous, peut-être, il fut soigné par nous, à Aix; puis, au bout de quelques jours, il partit pour sa Bretagne, avec une joie qu'il est inutile de décrire...

A peine au bout de ses vingt-et-un ans, Louis

avait trouvé sous les auspices de l'illustre marin :

1° Sa voie, jusqu'alors incertaine : 2° une situation acquise et les germes d'une carrière honorable, désormais assurée ; 3° la croix de la Légion d'honneur ! Et cette croix, double relique, était celle du prince de Joinville, donnée par *lui-même* !

Il n'y eut qu'un seul petit nuage au ciel azuré de notre heureux artiste...

Voici de quelle nature fut ce nuage.

M. Lebreton s'était réjoui de pouvoir offrir à à son exellente belle-mère le magnifique cachemire des Indes que lui avait donné le jeune chef dont il avait fait le portrait naguère à Otahiti.

Ce superbe châle était un objet de grand prix.

Notre peintre l'avait placé au fond d'une malle, et n'y avait plus songé...

Mais, quand, à la douane, visite fut faite de tous les bagages, la malle du châle fut fouillée.

Hélas ! il n'y eut pas de droits d'entrée à payer pour l'importation du riche cachemire ! Il sortit de sa boite en menus morceaux ! l'humidité de la cale l'avait détruit !...

CHAPITRE XVI

CONCLUSION ET ÉPILOGUE

— « Je suis un homme usé! et ma tâche est finie... avait dit Dumont-d'Urville à Monsieur Matterer, l'un de ses intimes, dès l'arrivée à Toulon.

« Je le sens; ma carrière maritime est close, mon but est atteint, ma vie approche de son terme.

« Je m'en irai de ce monde où ma lutte est sans trêve, avec la douce consolation de n'avoir jamais fait de mal à personne, et d'avoir toujours aspiré au bien qui dépend de moi.

« Tout ce que j'ai pu faire pour mon pays, je l'ai fait. La France ne m'oubliera pas...

« Bientôt, mon fils, que son admirable mère a su former, sera capable de payer à son tour sa dette à la patrie!... »

Cependant, l'habitude de rester sur la brèche,

son âme d'autant plus forte que son corps refusait de la servir, — son âme, énergique entre toutes, dominait encore la situation !

Ce fut au point que l'espoir de guérir l'amiral et de le voir encore prendre le dessus, revint au cœur de sa famille !...

Dumont-d'Urville lui-même, au bout de quelques mois, se reprit à l'illusion de croire qu'il pourrait terminer l'ouvrage colossal, résumé de son troisième voyage de circumnavigation.

Comme pour les précédents ouvrages de d'Urville, le gouvernement avait décrété que son mémoire serait publiée aux frais de l'Etat.

Sept mois étaient écoulés depuis le retour de l'expédition au Pôle-Sud. La famille d'Urville avait quitté son ancienne demeure, rue Saint-André-des-Arts, pour venir habiter près du jardin du Luxembourg, une vaste demeure, bien située, dans la rue de Fleurus. Dumont-d'Urville, encore convalescent, se trouvait mieux dans sa nouvelle résidence, d'où la vue se reposait sur la verdure, des fleurs et de beaux arbres.....

La convalescence de l'Amiral s'accentuait ; ses forces revenaient plus vite qu'on n'eût osé l'espérer. Le mouvement, l'équilibre des organes se rétablissait à vue d'œil ; et Mme d'Urville jouissait profondément de voir revenir à flots par ses admirables soins, cette chère et pré-

cieuse vie, son rayon de soleil, la joie et le repos de son cœur !

Les brillants succès scolaires de Jules d'Urville comptaient pour quelque chose dans ce re-
nouveau qui ramenait le bonheur au foyer ; car
ces succès précoces, aussi complets que l'orgueil paternel les rêva dans sa légitime ambition, personnifiaient l'espérance et l'avenir au
foyer de Dumont-d'Urville !

Il oubliait son épuisement à lui, en jouissant
de l'épanouissement printanier et superbe de
son fils ; il revivait dans ce beau et charmant
jeune homme ; son imagination toujours puissante se rajeunissait à contempler Jules d'Urville !

Quand on est impressionnable par nature, on
l'est jusqu'à la fin… Sous le charme de cette
grande et sainte émotion paternelle, l'amiral se
reprit à vivre ; et même à travailler comme naguère, avec une ardeur soudaine, qui étonnait
joyeusement tout son entourage.

Tout en se berçant des espérances que lui
donnant son fils, Dumont-d'Urville, assis devant sa grande table de travail où s'amonce-
laient les documents pour son grand ouvrage,
recommença à travailler jusqu'à dix heures par
jour…

Et quand ses intimes voulaient l'arrêter et le
distraire pour lui épargner des fatigues de tête,
il répondait comme autrefois : « Le travail me

récrée : La variété me repose. J'ai dans ce cabinet les éléments d'un ouvrage colossal, j'éprouve une sorte de délassement à débrouiller tout cela....

Son médecin, un bon vieil ami, savait mieux que personne l'immense amour du travail qui dévorait d'Urville : il estimait que, vouloir enrayer « Son Œuvre » lui serait plus fatal que de le laisser se livrer à ses goûts.

Seulement tout en cachant soigneusement son opinion à la famille d'Urville, le docteur pensait : c'est un mirage ! l'amiral ne peut aller loin !... mais pourquoi le contrarier, quand il n'y a point de remède? Il n'est soutenu que par la volonté et les nerfs... Ne laisse-t-on pas certains malades suivre toutes leurs fantaisies? Je n'ai pas le courage de priver l'amiral du plaisir de travailler !...

D'Urville de son côté, disait : Les palmes et les couronnes que Jules nous apporte, me stimulent... Toutes ces provisions de documents qui s'entassent autour de moi, quand ils seront classés et utilisés par mes publications, rendront moins ardue que la mienne, la carrière de mon fils !...

Comment ne pas respecter un tel travailleur dans ses efforts et dans ses généreuses espérances?

C'est ainsi que la dernière année de cette noble et austère existence fut captivée et en quelque sorte charmée, par la publication des premiers tomes de l'histoire maritime de l'expédition au Pôle-Sud.

Mais si absorbé qu'il fût dans son labeur favori, Dumont-d'Urville n'oubliait pas pour cela son protégé du bord qui était aussi *son Œuvre.*

L'amiral fit obtenir à M. Lebreton une place en rapport avec ses aptitudes. Il le fit entrer aux archives de la marine, dans les bureaux des plans et des cartes : ce poste lui laissait la faculté de peindre à ses heures... Il en prit possession en 1841.

Lebreton s'établit, et vécut dans cet entourage de gens d'élite jusqu'en 1866. Le choléra l'enleva à sa famille, aux beaux-arts et à ses amis !

En véritable père de sa grande famille maritime, Dumont-d'Urville obtint du roi tout ce qu'il avait sollicité dès le retour de l'expédition, pour chacun de ses compagnons de voyage.

Je ne crois pas qu'on ait poussé plus loin que d'Urville le sentiment de la justice, non seulement de la justice en général : mais de cette justice distributive qui interdit de méconnaître le dernier des droits de l'homme : de cette justice qui a l'instinct de toutes les délicatesses du sentiment comme de la dignité du pauvre et du travailleur, souffrant dans ses légitimes susceptibilités.....

Il y a dans le comm recede la vie des nuances

qui échappent aux esprits vulgaires, et qui font parfois le martyre des cœurs délicats... Ce martyre et ces nuances, monsieur et madame d'Urville savaient les distinguer, et c'est à bon droit que le grand marin pouvait dire si simplement de lui-même : « Je n'ai jamais fait de mal à personne ! »

Dans un siècle où domine le scepticisme, au sein d'une société où le respect humain, l'indifférence religieuse, la légèreté se partageaient le sceptre, Dumont-d'Urville ne transigea jamais avec sa conscience.

Il conserva intactes, la dignité, l'intégrité de sa vie. Il ne pouvait comprendre qu'on ne fût point toujours semblable à soi-même...

Les tergiversations accusent en effet, dans l'ordre des choses morales et religieuses, une faiblesse incompatible avec des convictions quelconques... Notre grand marin estimait qu'un renégat ne mérite plus qu'on le croie...

— Qu'on vive en *loup*, en *ours*, en *hibou*, — puisque *hibou* il y a ; — mais s'accommoder de toutes croyances ; *penser* d'une façon et *agir* d'une autre ; hurler avec les loups, pour n'en être pas dévoré : jamais !...

« Je me croirais digne de tous les mépris, si je ne défendais mes croyances, comme je défendrais mon pays, jusqu'à la mort, s'il le fallait !... Et j'estime déplorablement fous, ceux qui, n'importe sous quel prétexte, sacrifient les intérêts indéfectibles de l'âme aux intérêts changeants et sans cesse modifiables de la fortune »...

Mais s'il portait haut le sentiment de la vraie dignité, Dumont-d'Urville remplissait avec une extrême simplicité les devoirs religieux par lesquels la Foi catholique s'affirme et rend témoignage à la vérité intégrale dont le trésor sacré lui appartient.

On le voyait chaque dimanche, (depuis que sa santé lui permettait de sortir), on le voyait, entre Madame d'Urville et son fils, assister aux offices de la paroisse voisine.

Ceux qui le connaissaient, en le retrouvant là, caché au sein de la foule, qu'il édifiait sans le savoir, se sentaient émus... Ceux à qui la famille d'Urville était inconnue, s'écartaient respectueusement devant cet homme qui donnait furtivement aux pauvres, et priait avec une gravité profonde...

Là, ne paraissait ni le fier marin, ni le savant illustre, ni le chef autoritaire dont la volonté, à bord de l'*Astrolabe*, s'imposait à tous...

Là, il n'y avait plus que l'humble croyant, agenouillé comme le peuple, au milieu duquel il venait s'oublier... Mais le grand exemple d'un acte de foi sincère n'est jamais entièrement perdu.

Le bien porte en lui-même une force féconde. Il attire naturellement les âmes... tandis que le

mal, pour attirer aussi, doit prendre les apparences du bien : il faut qu'il mente pour avoir
des adeptes.....

« Priez bien pour mon mari et pour mon fils,
disait Madame d'Urville, au milieu de ses larges aumônes aux pauvres de la paroisse...
Faites un pieux échange avec moi, et je vous
serai encore redevable ! »

Cependant le premier volume de la grande
publication maritime avait déjà paru. Dumont-
d'Urville en était au tirage du deuxième, au
mois de mars 1842.

Il n'avait pas perdu son temps, l'infatigable
travailleur !... ses amis, son entourage, le docteur lui-même, s'émerveillaient de voir tant
d'énergie morale survivre à tant de ruines physiques...

Pour unique délassement, Dumont-d'Urville,
le soir, apprenait en se jouant, la botanique à
son fils. Les riches herbiers, rapportés du bout
du monde à Jules et à Madame d'Urville, acca-
paraient l'attention générale ; et l'adolescent se
faisait initier, avec un goût toujours plus vif, à
la science que l'Amiral, préférait à toutes les
autres.

Quand le temps était beau, le jardin du
Luxembourg attirait la famille, devenue, à mesure qu'on la connaissait mieux l'objet de l'attention prévenante et d'un respect attendri...

Peu à peu, dans ce quartier paisible et studieux, on avait fini par connaître l'histoire des d'Urville. Les domestiques jasaient. Ils disaient quelle femme douce et forte était Madame d'Urville, quel caractère celui de l'Amiral. Ils racontaient le voyage, la maladie que Dumont-d'Urville venait de traverser : les brillants succès de Jules d'Urville, et le courage héroïque de ses parents...

Bien des gens, sans les connaître autrement que de vue, avaient pour eux une sympathie affectueuse.

Aussi, lorsqu'au jour de Pâques on vit, au moment de la communion genérale à Saint-Sulpice, Monsieur, Madame d'Urville et leur fils s'approcher ensemble, il y eut comme un courant d'attention qui se portait vers eux... Monsieur le curé lui-même participa à l'impression qui dominait l'assistance... Il savait mieux que personne de quelles bénédictions, les plus deshéritées de ses ouailles entouraient silencieusement la présence des d'Urville au milieu d'eux, et dans son église...

Qu'aurait-ce donc été si l'avenir, se dévoilant un mois d'avance, les bons paroissiens de Saint-Sulpice avaient pressenti la catastrophe du 8 mai 1842!!!

. . . .

Il s'annonça beau, ce jour qui devait finir par un cataclysme dont le cruel souvenir fait frémir ceux qui s'en souviennent !...

Depuis longtemps Jules d'Urville désirait aller à Versailles, où l'inauguration du musée royal entraînait les foules vers l'ancien palais de nos rois, transformé en temple des arts...

Jamais occasion ne sembla plus propice :

C'était la fête du Roi ; les grandes eaux jouaient, tout Paris courait à Versailles.

« Cette magnifique journée passée à Versailles vous reposera d'un labeur trop assidu, disait Jules à son père. Ma mère aussi s'en trouvera bien... »

Mais Dumont-d'Urville était indécis..... Lui qui disait : *ce n'est qu'à l'église où les foules sont belles !* il redoutait et fuyait *la foule*... La foule des curieux, oisifs, des voyageurs... Cette foule encombrante houleuse, tapageuse et bruyante, au sein de laquelle on étouffe, en face d'un permanent danger est d'une gêne incessante.

Dumont-d'Urville eut préféré visiter le musée de Versailles à loisir ; après les gens pressés ; à l'arrière-saison, peut-être !...

Malheureusemet il n'en dit rien, pour faire plaisir à son fils.

Le programme de la fête tint ses promesses. La colossale et redoutable foule, dépassent toutes proportions, obligea l'administration à doubler les locomotives, afin de pouvoir remorquer des trains de voyageurs également doublés et triplés !...

Mais ce qui, le matin, s'était exécuté sans encombre, donna lieu, le soir, à une effroyable confusion.

Dumont-d'Urville, sa femme et son fils, montèrent à six heures, dans le train qui devait les ramener à Paris. C'était le *premier retour*... On croyait éviter la foule.

L'Amiral était excédé : cette brillante journée de fête avait été une longue corvée pour lui...

Le train, lancé à toute vitesse par deux locomotives chauffées à blanc, fila jusqu'après Bellevue sans autre désagrément que sa rapidité vertigineuse...

Mais avant d'atteindre Meudon, un des essieux de la première locomotive se brise : la seconde, précipitée sur elle, par l'impulsion aveugle et violente, provoque un effroyable incendie, où chauffeurs et machinistes sont les premiers dévorés !!!

Sept wagons, bondés de voyageurs, sont également précipités dans l'incendie. C'est une indescriptible horreur !!!

Et Dumont-d'Urville, sa femme et son fils, broyés, brûlés, consummés, sous un monceau d'autres victimes !!!...

Encore que ce désastre, sans précédents, ait bientôt un demi-siècle, je crois entendre le cri lamentable des victimes !...

O Providence! Vos décrets sont impénétrables !...

Il fallut, disent les journaux de l'époque, il fallut trente heures de douloureuses recherches, à travers des ossements calcinés et des monceaux de cendres humaines, pour reconnaître, au fond de ces navrants débris, ce qui restait en ce monde de Dumont-d'Urville, et des siens!...

Enfin on retrouva des ossements réunis, enlacés les uns aux autres, en quelque sorte. Une montre, la croix de Saint-Louis, une chaîne d'or où pendait un médaillon contenant le portrait de l'amiral et des cheveux de son fils!... c'est là tout ce qui restait de Dumont-d'Urville!...

Séparés si souvent sur la terre, ils étaient réunis dans cette cruelle mort, entrée mystérieuse de l'éternelle patrie!...

Etrange destinée de notre illustre marin!

Epargné par les glaces du Pôle, les feux de l'Equateur, les naufrages, les gouffres des deux mondes, il tombe aux portes de Paris et au retour d'une fête patriotique!

Son existence commence et finit par un incendie!...

Deux parents de Dumont-d'Urville, MM. Diguet et Lebreton, seuls alliés de la famille qui fussent à Paris, vinrent sur le lieu du sinistre, reconnaître ses restes, pour les conduire au cimetière Montparnasse.

Ce fut, pour toute la France, une grande émotion, la fin tragique de Dumont-d'Urville!

Son nom était populaire ; il était aimé, admiré, il excitait un intérêt profond, par la généreuse grandeur de ses entreprises.

Aussi le sentiment qu'inspiraient les victimes, se traduisit le 16 mai 1842, aux obsèques de l'amiral.

L'église Saint-Sulpice n'a pu contenir dans ses vastes nefs la colossale assistance ! On eût dit un deuil national !

Toutes les notabilités de la marine, de l'armée, de la science, se pressaient autour de ce cercueil, pour rendre un suprême hommage à la mémoire de l'illustre marin.

La famille était représentée par Messieurs Charles Diguet et Louis Lebreton.

Monsieur Villemain, alors ministre de l'instruction publique, tenait un des cordons du poële. Les amiraux Beautemps-Beaupré et Labretonnière, Monsieur de Jussieux, le naturaliste, tenaient les autres.

Le ministre de la marine avait désigné Messieurs Humbron, chirugien-major de l'*Astrolabe*, et Vincendon-Dumoulin, ingénieur hydrographe de l'expédition au Pôle-sud, pour présider à la cérémonie des obsèques.

Tous les amiraux, les officiers de la marine présents à Paris, le secrétaire général, la plupart des chefs de service et des employés de ce département, assistaient au convoi. On y voyait aussi un nombre considérable d'officiers de toute arme... les membrès de la chambre des Pairs, la chambre des députés.

Le roi se fit représenter par un officier supérieur de sa maison militaire.

Messieurs de l'Institut ; la société Géographique et les autres corps savants ; les membres du bureau des longitudes, etc., etc., etc.

Enfin, le cortège était innombrable..... Un détail bien touchant... Les élèves du lycée Louis-le-Grand voulant donner un témoignage public de leurs regrets, accompagnèrent jusqu'au cimetière la dépouille de leur infortuné condisciple.

Au sortir de l'Eglise Saint-Sulpice le convoi prit des proportions énormes... La foule le suivait !...

Les uns se souvenaient des bienfaits, des vertus de Madame d'Urville ; des grandes choses accomplies par l'illustre marin ; d'autres, parlaient de ce beau jeune homme qu'on avait admiré près de sa mère, la semaine précédente !... On se répétait les poignants détails de la catastrophe, les trois corps retrouvés ensemble après l'incendie...

D'autres encore se souvenaient de l'attitude à l'église de la famille d'Urville.

« Bien sûr ils sont au ciel » ! disaient les pauvres gens qui pleuraient leurs généreux bienfaiteurs...

La veille des obsèques, une composition, la

dernière du jeune d'Urville, mérita d'être couronnée !... Elle le fut, au milieu des hommages funéraires des élèves !!!

. . . .

Quand après l'inhumation, l'énorme foule se fut silencieusement écoulée hors du cimetière, où la ville de Paris concède à perpétuité un terrain pour la famille d'Urville, deux hommes, le crêpe au bras et au chapeau, restés presque seuls dans le vaste champ des morts, priaient encore... Ils n'étaient pas ensemble...

L'un d'eux, à genoux par terre, la tête découverte en face de cette fosse fraîchement comblée laissait voir une émotion profonde, et ses pleurs coulaient... c'était un prêtre.

L'autre, jeune homme de vingt-quatre ans, de haute stature, debout adossé à un arbre, grave, morne, la tête inclinée, regardait douloureusement le lieu de l'inhumation, et semblait perdu dans un monde de réflexions lugubres...

Il s'écoula un certain temps, avant que le prêtre, terminant sa prière, s'aperçût, en se retournant qu'il n'était pas seul...

Alors une double exclamation troubla le silence du désert ; les deux hommes s'étaient reconnus ! Ils s'embrassèrent...

C'était l'abbé Janick et M. Lebreton.

Sans parler, ils quittèrent l'asile de la mort, et marchèrent le long des boulevards jusqu'à ce qu'ils eussent perdu de vue la clôture du cimetière...

Alors l'abbé s'arrêta ; et, pressant plus fortement dans les siennes la main du jeune peintre : « Nous sommes tellement remués l'un et l'autre, par cette grande manifestation jointe à notre chagrin, à nos regrets, que l'oppression nous ôte la parole.

. . . .

Mon cher Louis, vous faites une perte à jamais déplorable ! J'ai le cœur plein de ce que je voudrais vous dire... Je ne quitterai jamais ce deuil, au fond de l'âme. Pauvre Amiral ! que n'étais-je avec lui, avec eux, dans le wagon incendié ! pour leur donner les suprêmes consolations de mon ministère !!!...

— Ah ! bon Père-Jean, je vous reconnais bien là !... Louis pleurait. Du moins, cher ami, nous avons sa dépouille... Ses précieux restes sont ici, au lieu d'être ensevelis dans les flots de l'Océan, comme ceux de La Pérouse, de Cook ! de tant d'autres marins ! célèbres et... perdus !...

Nous n'en sommes pas réduits envers Dumont-d'Urville, à un culte purement idéal ; j'aime mieux cela.

— Et moi aussi, assurément. Mon vif regret c'est de ne l'avoir pas revu depuis ces derniers mois. Nous nous retrouverons là-haut. En attendant, cette tombe chérie recevra mes prières

et mes fleurs. Prenons rendez-vous ici, cher
ami ?.....

— Volontiers. Je suis libre le dimanche, après
midi.

— C'est entendu. J'occupe encore une aumô-
nerie volontaire ; pas très loin ».

Il s'arrêtèrent de nouveau, marchant l'un
près de l'autre sans se parler... Puis le prêtre,
dont les hautes pensées subjugaient l'âme, dit,
à voix lente et couverte :

« C'est la Providence qui a voulu rendre à
jamais mémorable la fin de cette noble vie !...
N'est-il pas évident que la plus haute leçon se
dégage du drame terrible de cette mort tragique ?...

Mourir à terre, lui ! lui, qui a cent fois failli
sombrer !... mourir, à cinquante ans ! quand
le but de sa carrière est atteint... quand tous
nos musées racontent ses campagnes lointaines, et ses colossales conquêtes au profit de la
science...

Mourir quand il semblait toucher le port, le
repos glorieux, nécessaire ; mourir, et voir mourir dans le même moment tout ce qu'il aimait !...

Après avoir tant travaillé pour la France, n'y
pas laisser l'héritier de son nom, de son œuvre
et de sa race !!!

Ah ! si l'homme n'était que poussière ; si Dumont-d'Urville devait s'anéantir tout entier dans

l'incendie qui consuma son corps, ce serait à
décourager de tous les dévoûments!...

Que lui importent, à cet homme illustre, ici-
bas, les honneurs rendus à sa mémoire, le deuil
public, les regrets universels ?... Que lui importe sa statue, des monuments, des éloges ???
s'il est anéanti tout entier!...

Tout cela, ô dérision, ce ne serait pas pour
lui, mais pour la consolation de ceux qui l'ont
connu, qui l'ont aimé!...

La mort de Dumont-d'Urville nous parle un
tout autre langage. Nous le voyons, parti pour
un monde meilleur, prêt à rendre compte à
Dieu de sa vie et de ses œuvres : de ses bienfaits!...

Nous savons qu'il a quitté la terre, en étreignant dans ses bras ceux qu'il aimait, pour aller avec eux recevoir l'éternelle récompense.

Nous savons qu'il travaillait pour atteindre
au bonheur inamissible, à l'éternelle vie!!!

Consolons-nous! nous irons le rejoindre!

FIN

NOTES

EXTRAIT

(Tiré de l'éloge de Dumont-d'Urville)

par M. Roberge

« Sous un extérieur froid il cachait une profonde sensi-
« bilité. La sévérité du commandement était tempérée
« en lui par une bonté qui ne dégénérait pas en faiblesse.
« Il ignorait, ou méprisait l'art de tromper en flattant...
« Sa franchise, souvent brusque, venait autant de son
« caractère que de sa profession... Lent à s'attacher, ses
« amitiés étaient fidèles, son commerce facile et sûr...
« Il avait dans les manières, cette simplicité naturelle
« aux hommes supérieurs qui ne craignent point d'être
« vus de trop près. Libéral dans ses idées et sa conduite,
« il portait un cœur inaccessible aux petites passions...
« Trop indépendant pour solliciter, trop fier pour
« devoir quelque chose à la faveur ou à l'intrigue, il
« attendait qu'on songeât à ses services... tandis qu'avec
« le plus généreux empressement, il appelait les rému-
« nérations sur les officiers et son équipage. — Ceux qui
« ne l'aimaient pas étaient forcés de l'estimer.

« Il resta toujours fidèle aux grands principes reli-
« gieux ; ils avaient servi de base à son éducation.

« La contemplation des grandes scènes de la nature,
« l'étude de ses ouvrages, la mer et ses périls, les tem-
« pêtes et leurs sublimes horreurs : quelle intelligence
« droite résisterait aux arguments d'une théologie sem-
« blable ?... »

1° La société de géographie a fait ériger un monument à
la mémoire de Dumont-d'Urville, sur le terrain concédé à
cet effet par la Ville de Paris. Ce mausolée est élevé vers le
milieu du cimetière Montparnasse.

2° La ville de Condé-sur-Noireau possède depuis 1844
la statue de son illustre concitoyen, qui a donné son nom à
la grande place de la cité Calvadosienne, sur laquelle le monument fut placé lors de son érection.

3° On trouve aux archives du ministère de la marine,
section bibliothèque, en deux énormes in-folio, le troisième
tour du monde de Dumont-d'Urville, peint par MM. Goupil
et Louis Lebreton.

DEUXIÈME NOTE

M. d'Urville avait parcouru, côte à côte, pendant 250 milles, la terrible banquise dont les crêtes s'élevaient à plus de 100 pieds sur les eaux ; cinq jours bloqué au milieu des glaces, il n'en sortit que par des manœuvres héroïquement désespérées. Les deux corvettes avaient résisté comme par miracle.

Du cap Rodnez de la Nouvelle Guinée, l'expédition fait route à l'Ouest et, par un coup d'audace, veut franchir le Torrès, mais la fortune, comme lassée de ses succès, semble l'abandonner un instant.

Les corvettes, engagées dans une fausse passe, avaient évité les premiers écueils, lorsque soudain, d'autres récifs les arrêtent, forcées de mouiller sur un fonds fuyant. La marée montante brise leurs amarres, les jette sur un banc de rochers, et les laisse à sec en se retirant. Mais, dans cette position critique, un secours inespéré vient seconder les efforts réunis des deux équipages, et le retour de la marée les remet à flots.

TROISIÈME NOTE

Ecoutez la narration du marin, lorsque, prévoyant une
tempête au détroit de Magellan, il double à propos le cap
Pourpoise, et étonne l'équipage par l'audace d'une manœuvre commandée avec le plus grand calme :

« Pour éviter des retards fâcheux, je résolus, malgré
l'obscurité, de profiter du vent et de la marée pour m'a-
vancer dans le détroit. Je prolongeai, jusqu'à toucher
l'île Elisabeth. Doublant ensuite à petite distance le cap
Pourpoise, je me trouvai dans un canal large et dégagé
où je pouvais subir un coup de vent avec sécurité.

« A Toulon, quand j'armai les deux corvettes, les matelots, me voyant marcher lourdement, à cause d'un
accès de goutte, étaient surpris d'apprendre que j'étais
leur commandant.

Quelques-uns s'écrièrent même :

« Oh ! ce bonhomme-là ne nous mènera pas loin ! »

Je leur promis dès ce moment, — si Dieu me donnait
la vie, — que ce « *bonhomme-là* » leur en ferait voir en
navigation comme ils n'en avaient jamais vu... Je pré-
voyais de loin, dans mes tentatives à travers les deux
pôles, qu'il me faudrait souvent avoir recours à des évo-
lutions soudaines, audacieuses, autant qu'imprévues ; et
je voulais y préparer nos marins. »

. . . .

Ses intentions furent comprises... Au sortir du détroit
de Magellan, les équipages enthousiasmés s'abandon-
naient avec pleine confiance à leur commandant.

Désormais, il pouvait braver les écueils et les roches.
A leurs yeux, *le bonhomme de Toulon*, s'était transformé en un loup de mer ; et dans les périls les plus immi-
nents, ils s'imaginaient le voir agir de gaieté de cœur
avec la certitude de se tirer de tout quand il le voudrait.

QUATRIÈME NOTE

La profondeur des vues émises par M. d'Urville sur
l'origine des peuples océaniens venait d'acquérir de nouvelles preuves et l'étude comparative des races de nouveaux éléments d'observation.

Le dépôt de la marine reçut le complément de l'hydro-
graphie du globe, 73 cartes, 42 plans levés pendant la
campagne, y compris l'intéressante cartographie de
l'Océanie et de la région polynésienne, où flotte notre
drapeau.

Les ports de la Nouvelle Zélande peuvent servir de
relâche à nos baleiniers ; le peuple entier de la Nouvelle
Guinée, cette île immense qui, par sa situation, son
étendue, ses productions et sa grande fertilité, offre plus
d'avantages à la nation *qui voudra s'y établir* que tous
ceux que retire l'Angleterre de ses colonies australiennes.

TABLE DES MATIÈRES

Extrait de lettres adressées à l'auteur.   v
Introduction xiii
Chap. I. Dumont-d'Urville à Toulon. . . .   1
Chap. II. Dumont-d'Urville en Bretagne . . 11
Chap. III. En mer 27
Chap. IV. Première étape 45
Chap. V. L'épidémie. 61
Chap. VI. Changement à vue 91
Chap. VII. Entre deux crises 109
Chap. VIII. L'*Astrolabe* et la *Zélée* sont cernées
    par les glaces du pôle 131
Chap. IX. Découvertes et accalmies 149
Chap. X. Pendant l'hivernage 173
Notes Biographiques du Capitaine Jules-César-
    Sébastien Dumont-d'Urville. 183
Chap. XI. Après l'hivernage 229
Chap. XII. L'heure terrible 247
Chap. XIII. Au mouillage d'Otahiti . . . 260
Chap. XIV. Cap sur Barabora 277
Chap. XV. La dernière étape. 291
Chap. XVI. Conclusion et épilogue 301
Extrait de Notes sur Dumont-d'Urville. . . 321

9 782329 049823